1日3分見るだけで

ぐんぐん目がよくなる!

ガボール・アイ

JN231647

SB Creative

目って、なかなかよくなりませんよね。
もう治らないと、**諦めていませんか？**

年を取ると誰もがなる**「老眼」**も、
読書や勉強やテレビやゲームが
原因といわれる**「近視」**まで…。

これまで、目をよくしようと
いろんな方法を試されたかと思います。

でも、**よくなりましたか？**
成功しなかった理由って、
思い当たると思うのです。

まずは面倒くさいこと。
眼球のトレーニングをしたり、
あれもこれも食べなきゃいけなかったり…。

「交差法」など
特殊な見方を要求する
ものもありますが、
「できない！」「続かない」
という声も多いと聞きます。

最近は**写真を見るだけの本**
も増えています。見ているだけで
楽しいものもありますが、
本当に目はよくなりました？

結局のところ、成功しなかったのは
1、続かない
2、本当に効果があるのか疑問
この2点に大きく集約されると思うのです。

でも、**諦めるのは早い**です。
こんな問題を解決するために、
この本が作られたのですから！

この本で提案しているのが
「ガボール・パッチ」
という縞《しま》模《も》様《よう》。

この「ガボール・パッチ」で、
1、続かない
2、本当に効果があるのかが疑問
が解決できるのです！

「えっ、この変わった縞模様で…??
ウソでしょ?」
そう思ったでしょう。
でも、もう少しだけ
お話に付き合ってください。
決して裏切りませんから。

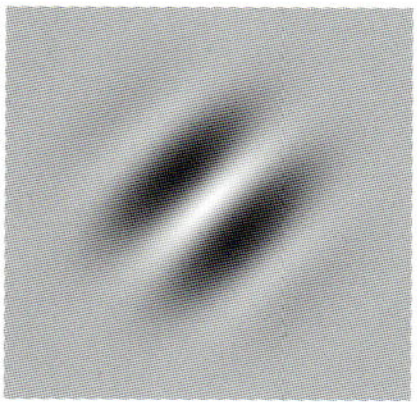

これが「ガボール・パッチ」

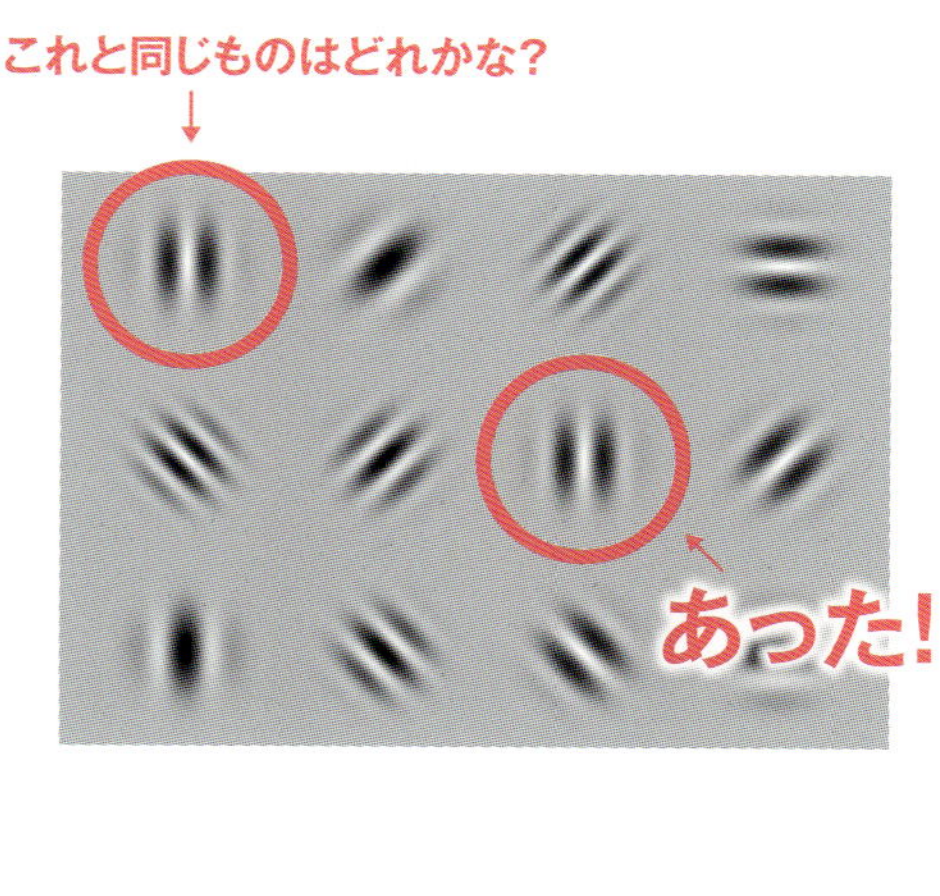

まず、やり方から簡単に説明しましょう。
いたってシンプルです。
同じものを探すだけでOK！
ゲーム感覚でできますので、
楽しいです。

しかも、**1日3分**程度でもよく、
少しさぼってしまった日があっても大丈夫です。
また、「交差法」など特殊な見方をしませんから、
誰でもできます。

「ガボール・パッチ」を使った視力回復法を
この本では**「ガボール・アイ」**と呼ぶことにします。

この本があればいいのですから、**どこでもできます。**
バッグに入れて、持ち歩くのもいいでしょう。
電車の中で、仕事の休憩時に、誰かを待っている時など、
ちょっとした隙間《すきま》時間でもできます。

これで、**1つ目の問題**
「続かない」は解決できますよね。

さて、2つ目の問題
「本当に効果があるのかが疑問」。
実は、この本の最大の特徴は、
「本当に効果があるのか」の解決にあります。

なぜなら、
ご紹介する方法は
世界で唯一ともいわれる
科学的にちゃんと
証明された方法※なのです！

※脳を使った視力回復法として

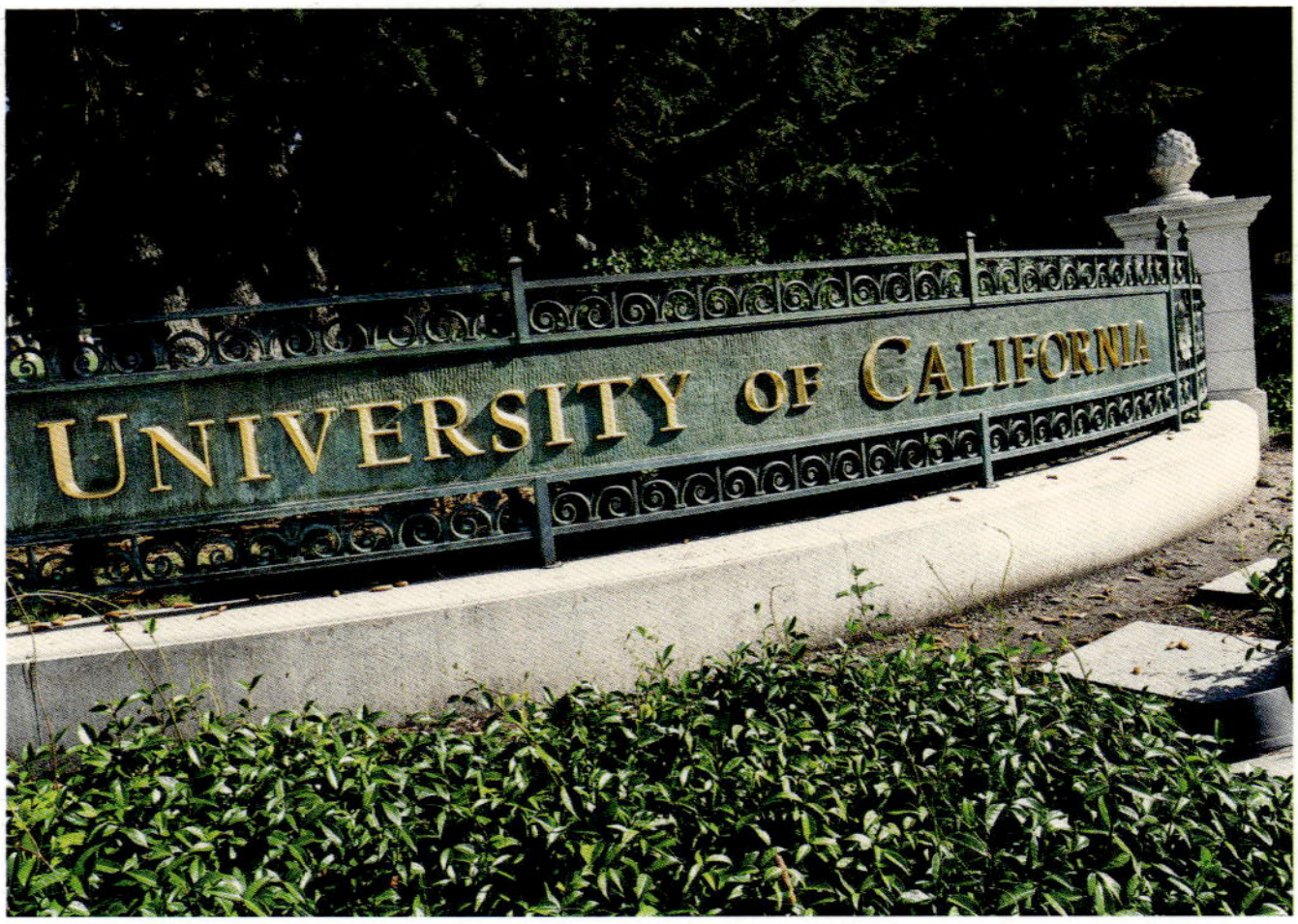

カリフォルニア大学
をはじめとする
世界トップクラスの研究機関で、
有効だと実証する
試験結果が報告されています。

全米で話題となり
（映画の宣伝文句みたいですが）
『ニューヨーク・タイムズ』
などで取り上げられました。

詳しくは本章にゆずりますが、
視力は、主に2つで決まります。
1つは、**眼球**。
もう1つは、**脳**です。

カメラにたとえるとわかりやすくなります。
眼球は**レンズ**。
脳は**画像処理をする部品**
というメカの部分です。
結果としてどのように
見えたのかが
写真となります。

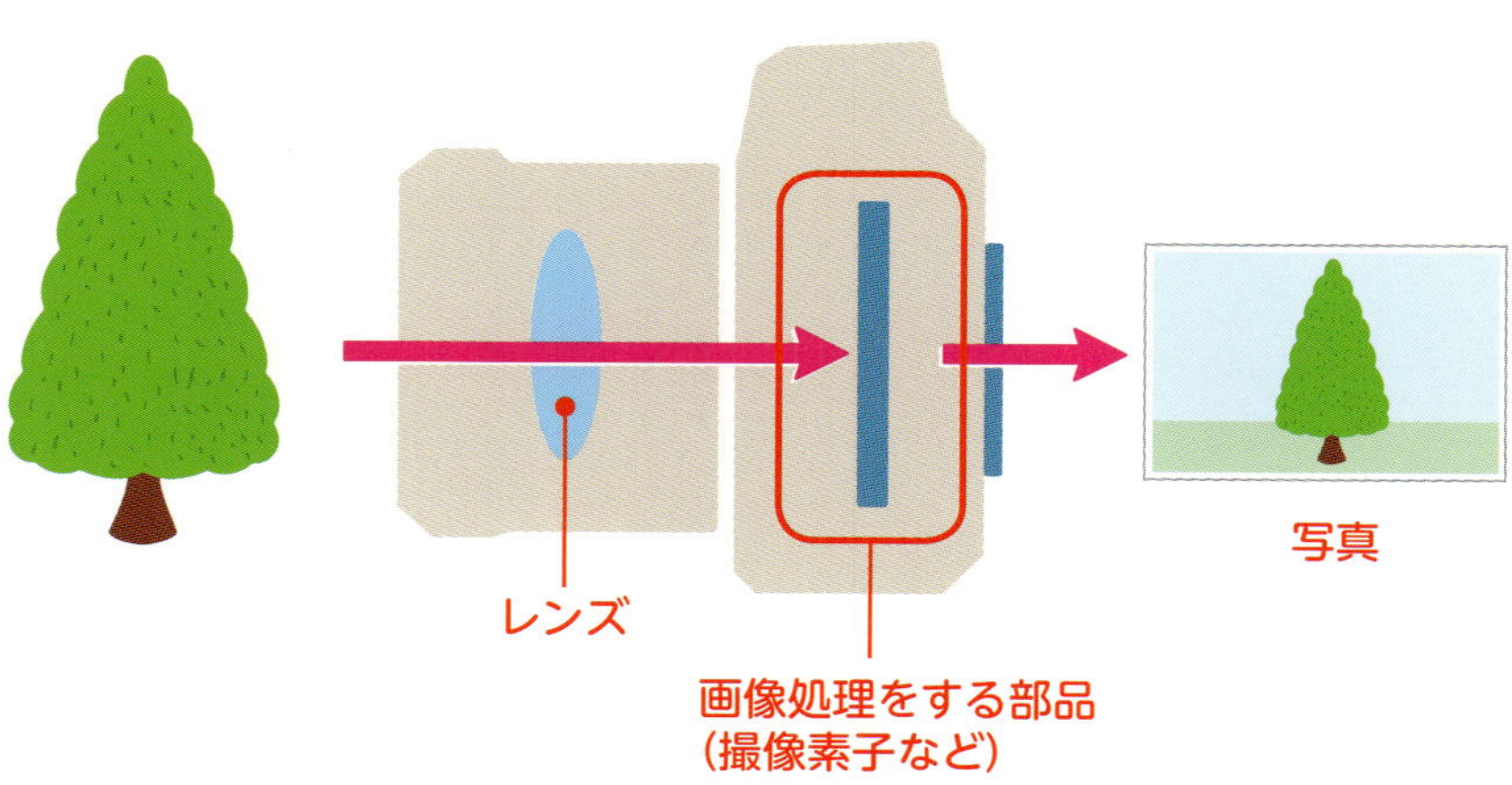

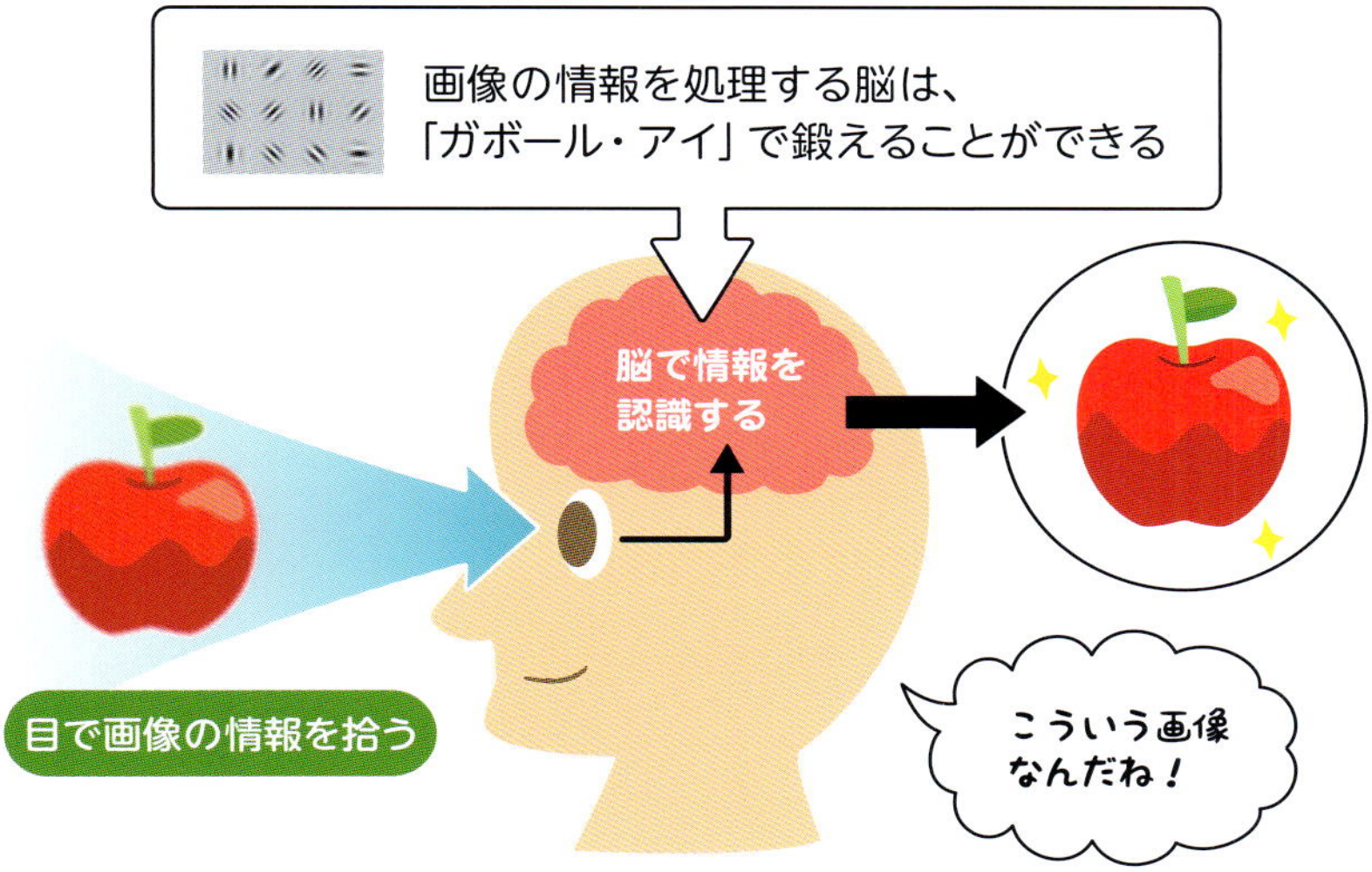

人間は、眼球というレンズでとらえた情報を
脳で処理することで
見えたものを認識しています。

見えた情報を処理する脳
を鍛えるのが、
「ガボール・アイ」であり、
そのメカニズムが科学的に
証明されているのです。

「ガボール・アイ」は、
年齢も、視力も
問いません。
今度こそ、視力を改善しましょう！

たった1カ月で、
老眼の視力が
0.6から1.0にアップ！

「ガボール・アイ」
で大成功！

女優・沢田亜矢子さん

特別インタビュー

以前は老眼鏡が手放せなかった。
でも今は裸眼で本も読めるし、生活に全然困らない！

50代後半から、老眼の影響で見えづらさを感じるようになりました。困っていた矢先、健康番組『主治医が見つかる診療所』（テレビ東京）への出演が決まりました。「老眼の進行速度を遅らせるトレーニング」に1カ月間チャレンジし、視力の変化を記録することになりました。

さわだあやこ
1949年1月1日、北海道生まれ。1973年、『アザミの花』で歌手ビュー。その後、日本テレビ『ルックルックこんにちは』で司会、ドラマ『火曜サスペンス劇場』、映画『せんせい』などで女優として活躍。CM、舞台、バラエティ番組などにも幅広く出演している。

そこで平松先生（本書の著者でもある眼科専門医）から「ガボール・アイ」を伝授いただき、「遠近ストレッチ」「ホット・アイ」（それぞれ詳細はp92〜93、p94〜95）と合わせて1カ月間、実践することになりました。

「ガボール・アイ」はズボラな私でも継続できた

「ガボール・アイ」の「同じ縞模様を探す」は、先生を信じて「楽しみながら行うこと」を目標にしました。「合っているかどうか、答え合わせをしなくていい」というのも、**ズボラな私にとってありがたい**点でした。自宅で取り組む時は、リビングでリラックスしながら、1日5分間続けました。時間帯は、昼食後、就寝前、またはイスに座ってゆったりできる時間に行いました。

「遠近ストレッチ」は「30センチ先と2メートル先を交互に見るだけ」というシンプルなトレーニング。「近くと遠くを交互に見ることで、目のピントを合わせる筋肉を効率的に動かせる」と聞き、納得しました。テレビを観ながら、ウォーキング途中に信号を待ちながらなど、スキマ時間に行いました。**指1本でどこでもできる点**が、魅力的でした。

「約40度の温かいおしぼりを、目の上に置く」という「ホット・アイ」。私は市販の「目を温めるシート」を使いました。とにかく気持ちがいいので、そのまま寝てしまうこともありました。

1カ月の訓練で、0・6から1・0へ!

1カ月後、老眼の指標である「近見視力《きんけんしりょく》」が0・6から1・0へと大幅にアップ! そして想定外でしたが、近視まで改善していたのです。

それまでの近視用・老眼用のメガネとは、さよなら。自宅には4か所に1つずつ老眼鏡を置いていましたが、今ではその場所を忘れてしまったほどです。

それまではお仕事の現場でも老眼鏡が手放せなかったのですが、「ガボール・アイ」と出合ってから、台本やカンペを裸眼で速く読めるようになりました。

車の運転も、より快適になりました。信号が以前よりもハッキリと見え、視界も遠くまで広がった気がします。

ブログの記事作成にかかる時間も、大幅に短縮できるようになりました。キーボードなどの打ち間違いにも早く気付けるようになりました。LINEのやりとりも、サクサクとスムーズにできるようになりました。スマホ画面の小さな文字に心理的な抵抗がなくなったのだと思います。テレビを観ている時もストレスがなくなりました。以前は見逃したり判読ができなかったりしたテロップ（字幕）も、一瞬で読めるようになりました。**何よりうれしいのは、メイクの時。**以前は老眼鏡をかけたまま目とのスキマにアイライナーなどの道具を突っ込んでいたのですが、今は裸眼のままで劇的にラクになりました。

半年後の今も、「ガボール・アイ」の効き目は継続中

テレビの収録が終わって**約6カ月経った今でも、「老眼鏡無し生活」はまだまだ続いています。**「スマホを長く見ていた」「ブログで長文の記事を書いた」「メールをたくさんやりとりした」など細かいものをたくさん見た日は、目がかすむことがありますが、そんな時はすぐに「ガボール・アイ」。すると、**かすみ目の症状がすぐおさまってくれます。**

年齢を重ねるにつれ、視力の低下や見え方の変化を感じる方は多いはず。でもほとんどの方が、メガネやルーペを使う以外の対策法をご存じないような気がします。

私は「ガボール・アイ」のおかげで目を鍛えて、老眼も近視も和らげることができました。体の筋肉を鍛えれば、筋力低下を食い止めることができるように、目も鍛えることができるんだなあと実感しました。

まだまだ
届いています。

体験者の喜びの声が続々と！

※人物名はすべて仮名とさせていただきました。

用語解説
◆「ガボール・アイ」…本書のメインテーマである、見るだけでOKの簡単なトレーニング
◆「遠近ストレッチ」…人差し指を使うだけの、簡単なトレーニング（詳細はp92、93）
◆「ホット・アイ」…目を温めるケア（詳細はp94、95）

左目の近視視力が0.4から1.0に!! ウソみたい…

折原沙耶（40代・女性）

近視の視力が、右目が0.7→1.2、左目が0.4→1.0、両目が1.0→1.2と改善しました！

「ガボール・アイ」は電車の中でよくやりました。1分半ほどを1回として、1日に1～3回ほどです。目を温めるのはその後で、手の体温で15秒ほどだけしました。「遠近ストレッチ」は目のピントがちゃんと合うようにして、近くも遠くも見るようにしました。

勝因は、何でしょう～。「ガボール・アイ」をしている時に、目の筋肉が何かを調整しているような感覚が味わえたのは確かですが。

それと気のせいかもしれませんが、ドライアイと目ヤニが減りました！

77歳でも近視と老眼の両方とも0.2ずつアップ

松浦忠雄（70代・男性）

もういい歳なので、絶対によくならないという自信がありました（笑）。ただ、こんな年寄りでも簡単にできる方法だったので、騙《だま》されたと思って実践しました。「ガボール・アイ」は朝食後と晩飯後に、「遠近ストレッチ」は家の中でも散歩の途中でもよくやったから、1日5回くらいですかね。「ホット・アイ」は手をこすって簡単にできる方法で1日3回くらいはしました。

4週間で近視も老眼も0.2ずつ上がりました。特にうれしかったのは、夕方になるといつも目が疲れてくるのが、全く起きなくなったこと。年齢に関係なく、効果がある視力回復法だと思いました。

4週間で老眼が0.3アップして1.0に！

近藤百合子（50代・女性）

「ガボール・アイ」と「遠近ストレッチ」は、平日は1日に2回、午後と寝る前に。休日は、午前中に1回追加しました。「ガボール・アイ」は、ゲーム感覚でできますから楽しかったです。

「ホット・アイ」は毎晩入浴時に行いました。市販品の目を温めるシートも使いました。

確かに、目の疲れがとれやすくなった気がします。連日パソコンや資料など目を酷使するものを見ることが多いので、夕方になると疲れがたまり頭痛や肩こりがひどいのですが、トレーニングを始めてからはその症状も和らいできたと思います。

老眼に特に効果があって、4週間で0.7から1.0になりました！ 近視もよくなり、右目・左目・両目の全部が0.1ずつ上がりました。

本当に効いた！　近視が4週間で1.2まで上昇

坂本慎一郎（40代・男性）

近視の視力が4週間で、0.9から1.2になりました！　簡単にできてあまり疲れないので、「本当に効いているのか？」と半信半疑でした。でも、視力テストした限りでは値がよくなっているので驚きました。

「ガボール・アイ」は夕食後に行っていたくらいで、手間はかかりませんでした。

全員が自分ほどよくはならないでしょうけれど（視力がもっとよくなる人もいるでしょうが）、自分でも結果にいい意味でビックリなので、周りにも勧めたいです。

やればやるほど、目のピントが合うまでの時間が短くなった！

藤本珠恵（50代・女性）

「ガボール・アイ」は子どもや旦那と一緒にすると、ゲーム感覚がいっそう高まって熱中しちゃいました！

「遠近ストレッチ」は会社で主にしましたが、近くはパソコン画面、遠くは非常口のサインを使いました。やればやるほど、非常口のサインにピントが合う時間が減っていったので、効果はあったはずです。

「ホット・アイ」は本当に気持ちいいですね〜。市販の目を温めるシートを使いましたが、使い捨てタイプです。ただ、11月頃になるとレンジで温めて何度も使えるタイプが発売されるとのことなので、冬はこちらを使います。

簡単に続けられたせいか、近眼、老眼の全部が改善！

野沢直哉（60代・男性）

近視は右目が0.6、左目が0.5、両目が0.6だったのが、4週間後には全部1.0に! ウソみたいですが、本当の話です。老眼も好調で、4週間で右目が0.1→0.3、左目が0.4→0.7、両目が0.5→0.8と上昇しました。

「ガボール・アイ」は薬を飲むかのように、朝昼晩の食後と決めることで、簡単に習慣化できました。「遠近ストレッチ」はベランダ、公園など場所を変えて気分転換も兼ねました。深呼吸と合わせてすると、リズミカルにできました。「ホット・アイ」はレンジでチンしたタオルをもう1枚のタオルでくるむことで、ほどよい温度で5分くらい使えるので、この方法がオススメですよ。

色や光がクッキリと見えるようになった

島田芳子（30代・女性）

近視なのですが、「ガボール・アイ」を3週間行ったところ、右目が0.7から0.9に、左目が0.6から0.8に、両目が0.9から1.0になりました。本当に視力が上がりましたね。色や光がクッキリと見えるようにもなりました。

「ガボール・アイ」は1日10分くらい、電車の中でしました。いつでもどこでも手軽に始められるのがうれしく、特に目が疲れたりはしませんでした。というか、疲れにくくなってきました。

「ホット・アイ」はさぼり気味で、1週間に1回程度だったかもしれません…。でも目がよくなったから、よかったよかった。

はじめに

「視力をよくする方法はありませんか？」

よく聞かれる質問です。もちろん手術をすればよくなるのですが、皆さんが聞きたいのは「危険がなく視力をよくする方法」。実は、たった一つだけその方法があるのです。

私も眼科医として仕事をする中で、最初は「視力をよくする方法は、この世に存在しない」と思っていました。テレビや書籍で紹介されるものはいずれも「それなりに効果がある」ものです。私もテレビ等多くのメディアで、視力回復の方法を紹介してきました。しかし、どの方法も裏付けるデータが少なく「もっと確実な方法があればいいのに」と何か物足りない思いもありました。

ですから「確実に科学的に証明されたものはないのか？」。そう聞かれても「残念ながらなくて…」と答えていました。

もっといいものはないかと思い、いろいろと調べました。目に関する文献として、100以上の論文や140冊以上の医学書を読みました。雑誌や書籍で「○○が治る！」など紹介されているものも、片っ端から１２０冊以上読みました。かなり変わったものもありましたし、結局は手術が必要というものまで様々でした。ただ残念ながら、国内ではいい情報を見つけることはできませんでした。

しかし、海外の文献を調べてみると、「ガボール・パッチ」というものを使った視力回復法が紹介されていました。現地の新聞でも紹介され、スポーツ選手や航空機のパイロットまで実践しているという方法です。

なんと、**効果は科学的に証明されている**というのです。でも正直、「本当かな？」という思いがありました。

そこで近視の人から老眼の人まで多くの人に試してもらいました。すると私が思っていた以上の効果が現れたのです！　**副作用もありません**。だからこそ自分の親にも、この方法を勧めてやってもらいました。

日本で初めて、一般の人たちにもこの視力回復法が広く紹介されたのは、私が出演させていただいたテレビ番組『主治医が見つかる診療所』だったはずです。

この放映が非常に反響があったようで、その後、週刊誌など多くのマスコミから取材を受けました。けれども、雑誌は誌面が、テレビは時間が非常に限られていますので、お伝えしきれなかったポイントが多々ありました。

何より、最低でも2週間分は掲載したい「ガボール・パッチ」を並べたものを載せるとなると、1冊の本にするしかありませんでした。こうして完成したのが、本書です。

また、「ガボール・パッチ」のアプリもネット上にありますが、スマートフォンなどで見るとブルーライトによる目への刺激の心配もあるでしょう。そこで、**紙に印刷された本という形式のものが必要**だと思ったことも、本書を作ったきっかけになっています。

老眼の人も、近眼の人も、両方の人も、目をよくしていただければと願って作りました。

本書で、あなたの目をよくする方法、ぜひ〝覗いて〟みてください。

平松　類

目次

いよいよ実践！「ガボール・アイ」をやってみよう……33

なぜ

「ガボール・アイ」で、視力がよくなるの？

「ガボール・アイ」で視力がよくなる理由、それは冒頭でも触れました通り、脳がよくなるからです。

通常ですと眼球の状態がよくなることで、「近視が治る」「老眼が治る」「白内障が治る」というように視力が改善されます。

しかし、「ガボール・アイ」は特殊ですよね。脳をよくすることで、視力をよくするのです。

これって、どういうことでしょうか？

当たり前の話になるかもしれませんが、ものを見る時、人間は目を使っています。しかし、実際はばっちり見えていない時もあります。

ここで、実験をしてみましょう。❤（ハート）

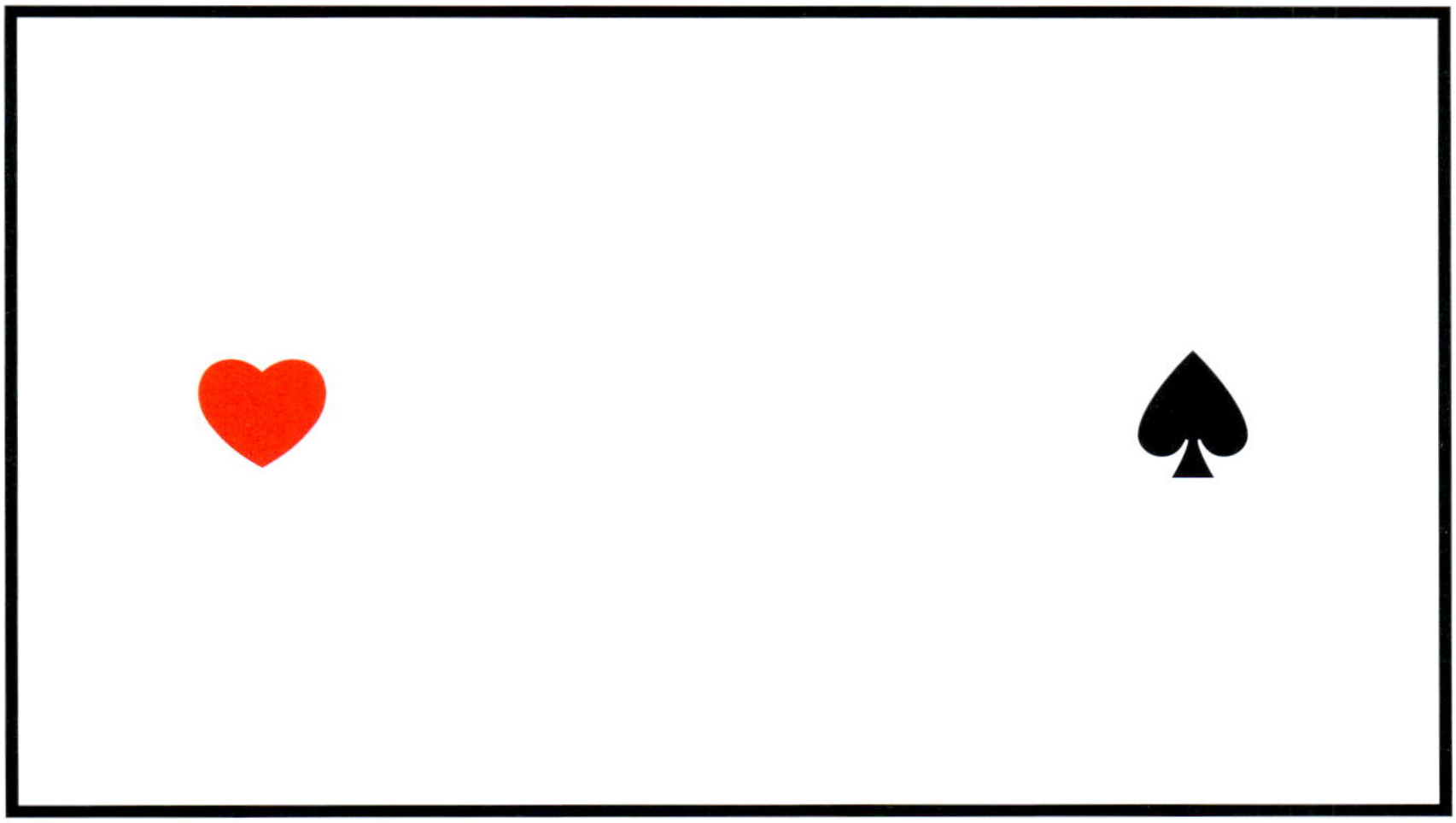

と♠（スペード）のマークが描かれた、上にある1枚のイラストを使います。

1. このイラストが描かれたページを開いた状態で、本を持ちあげて、手を前に伸ばしてください。左にある、本を手で持った人のイラストのような状態です
2. 左目を隠して、右目だけ開けます
3. 右目で、イラストの左に描かれた❤（ハート）を凝視します
4. 本を顔に近づけて行ってください
5. すると、ある地点で♠（スペード）が消えます

この消える地点が「盲点」といわれるものです。

以上から、人間の目は実際には、片目だけで見ると一部欠けることがあります。でもそれだと困るので、**さも見えているかのように脳が補ってくれます**。

ただ、盲点は、このようにゆっくりとじっくりと観察しないと、なかなか気づきません。

一方で普段の生活では、盲点は一瞬で通過します。その時に脳は、実際は目では見えていない部分を推測して、我々が気づかぬうちに見えたものを補完しています。だから普段の生活だと、盲点になかなか気づかないのです。

他にも脳は、かすれた字を判別するために見えているものを補正してくれたりもします。

同じように、**近視や老眼でボケた映像しか見えていない時も、脳**

はなるべく「くっきりした状態」のように補正してくれます。

「ガボール・アイ」は、この「画像のぼやけを補正する力」を鍛えます。そのため「老眼」だけでなく「近視」、はたまた「弱視」といわれる目の弱い状態など、多くの状態の見え方を改善してくれます。

「ガボール・アイ」で使われる特殊な縞模様「ガボール・パッチ」は、「ガボール変換」という数学的な処理を行うことで、生まれる縞模様です。ちなみに「ガボール・パッチ」は、デニス・ガボール博士が考案したもの。ガボール博士は、ホログラフィーの発明で1971年にノーベル物理学賞を受賞しています。

ガボール変換されたものは、見ることを司る脳の部分「視覚野」に強く作用することがわかっています。そのため、「ガボール・パッチ」を見ることで視覚野を刺激してくれるのです。

カリフォルニア大学で検証され、全米でブームに！

「ガボール・アイ」で脳を刺激して視力が向上することは、カリフォルニア大学をはじめとした世界トップクラスの研究機関で報告されています。

実験では、カリフォルニア大学の学生16人（男女各８人）と、大学の近隣に住む65歳以上の16人（男女各８人）が集められました。この計32人を対象に、実験は１週間行われました。すると、大学生も65歳以上の高齢者も、視力が向上したのです。[1)]

アメリカのカンザス大学で行われた研究では、近視の人は平均視力０・４から０・６に、老眼の人は平均視力０・３から０・６に改善したという研究があります。[2)] 結果は上々で、年齢を問わず視力が向上したのです。

２０１７年には『ニューヨーク・タイムズ』で、「脳を鍛えることで老眼も近眼も視力が向上する」という記事が掲載され、全米で話題となったのです。

「ガボール・アイ」は、認知症も予防する！

脳での処理能力が上がることは、見えること以外にも、多くのことに役立ちます。

例えば認知症。認知症は、見えなくなったり脳の機能が衰えたりすることで起こります。ですから**「ガボール・アイ」は、将来認知症になることの予防にもつながる**のです。

また、記憶力や集中力の向上、物忘れの予防にも効果が期待できます。

「ガボール・アイ」なんでもQ&A

Q 何日間すればいいですか？

A 最低14日間は、してください。28日間（約1カ月）経ってから効果を実感するという人も多いです。

Q どれくらいの頻度で行えばいいですか？

A 基本的には毎日することをお勧めしますが、忙しい場合は週3日程度でも大丈夫です。

Q やりすぎは目に負担があってダメですか？

A やりすぎて悪いということはありません。ただ、「だいぶ疲れてきた」など不調を訴えた場合は早めに切り上げましょう。

Q 1回で何分がいいですか？

A 1回で3～10分が目安になります。1日1回でOKですが、疲れがそれほどなければ1日2回以上でも大丈夫です。

Q 朝と夜、いつがいいですか？

A いつでもＯＫです。時間帯は気にしなくて構いません。多少疲れている時でも、大丈夫です。

Q 慣れてきても、何度も繰り返しても効果は出ますか？

A 慣れてきて「場所を覚えてしまった」となっても問題ありません。正解することが大切なのではなくて、「ガボール・パッチ」を見て判別しようとすることが、視力改善につながるからです。

Q 年齢制限はありますか？

A 特に年齢制限はありません。小さなお子様も、ご高齢の方も、安心して取り組んでください。

Q 「近視」「遠視」「老眼」「乱視」のどれに効きますか？

A 「近視」「老眼」の人に効果があることが実証されています。理論的には、「遠視」や「乱視」に関しても効果があると推察されます。

Q 効きやすい人と効きにくい人の違いは？

A 脳がしっかりと機能している場合は効きやすいです。また「これは治らないだろう」と思ってやっていると実は効きにくく、わずかな変化でも「よくなった」ととらえられる人のほうが向いています。

Q メガネやコンタクトレンズはつけたままでOKですか？

A つけたままで大丈夫です。

Q ずっと続ける自信がないのですが…

A 「毎日しっかりやらなきゃ」と力んで自分を追い込んでしまうよりも、その時に気楽にやりたいことをやる気持ちが、継続につながります。ですので、今日は「ホット・アイ（p94、95）」、明日は「遠近ストレッチ（p92、93）」を多めに、明後日は「ガボール・アイ」を少し頑張って3日分くらい、などでも構いません。もちろん「ガボール・アイ」を毎日欠かさずのほうが効果は期待できますが、三日坊主になってしまっては本末転倒ですので。

いよいよ実践！

「ガボール・アイ」をやってみよう

これが「ガボール・パッチ」➡

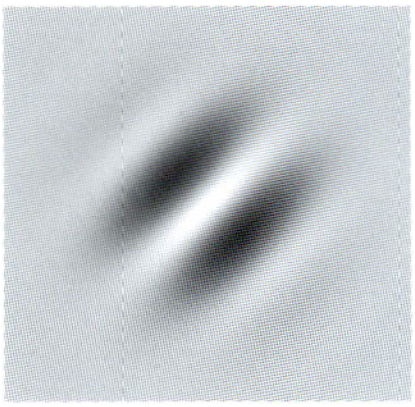

やり方

1. 好きな縞模様（ガボール・パッチ）を1つ選んでください
2. その縞模様と同じ縞模様を、全部探し出してください
3. 全部見つけ終わったら、別の縞模様を選び、同じことを繰り返していきます
4. 以上1～3を、1回につき3分から長くても10分を目安に行いましょう。

全部の縞模様について行う必要はありません。

※持病をお持ちの方は主治医とご相談ください。「ガボール・アイ」で不調を感じた場合は中止してください。

さあ、今日からスタート。楽しんでくださいね！

※答えはp62

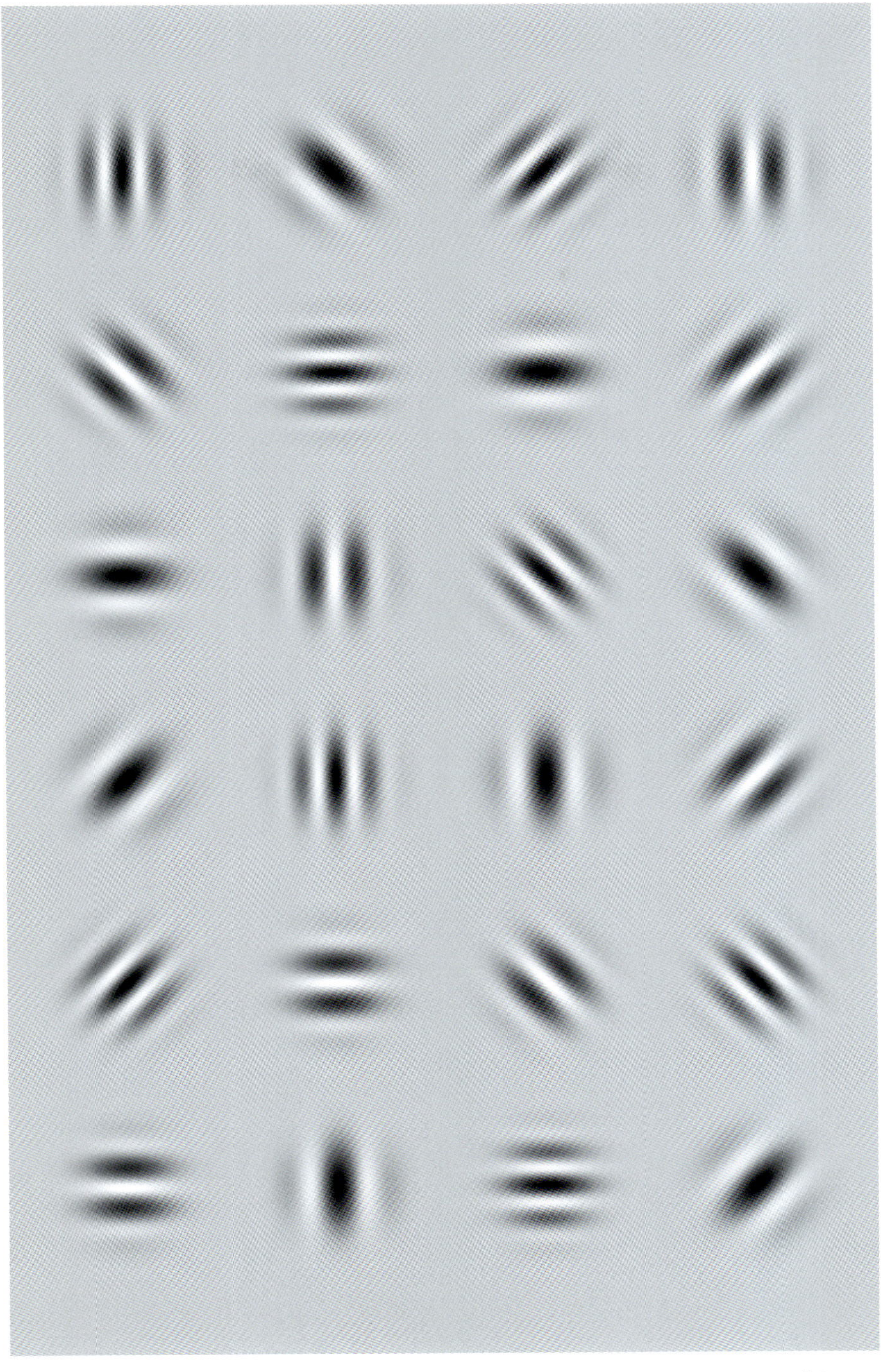

※答えはp62

※答えはp63

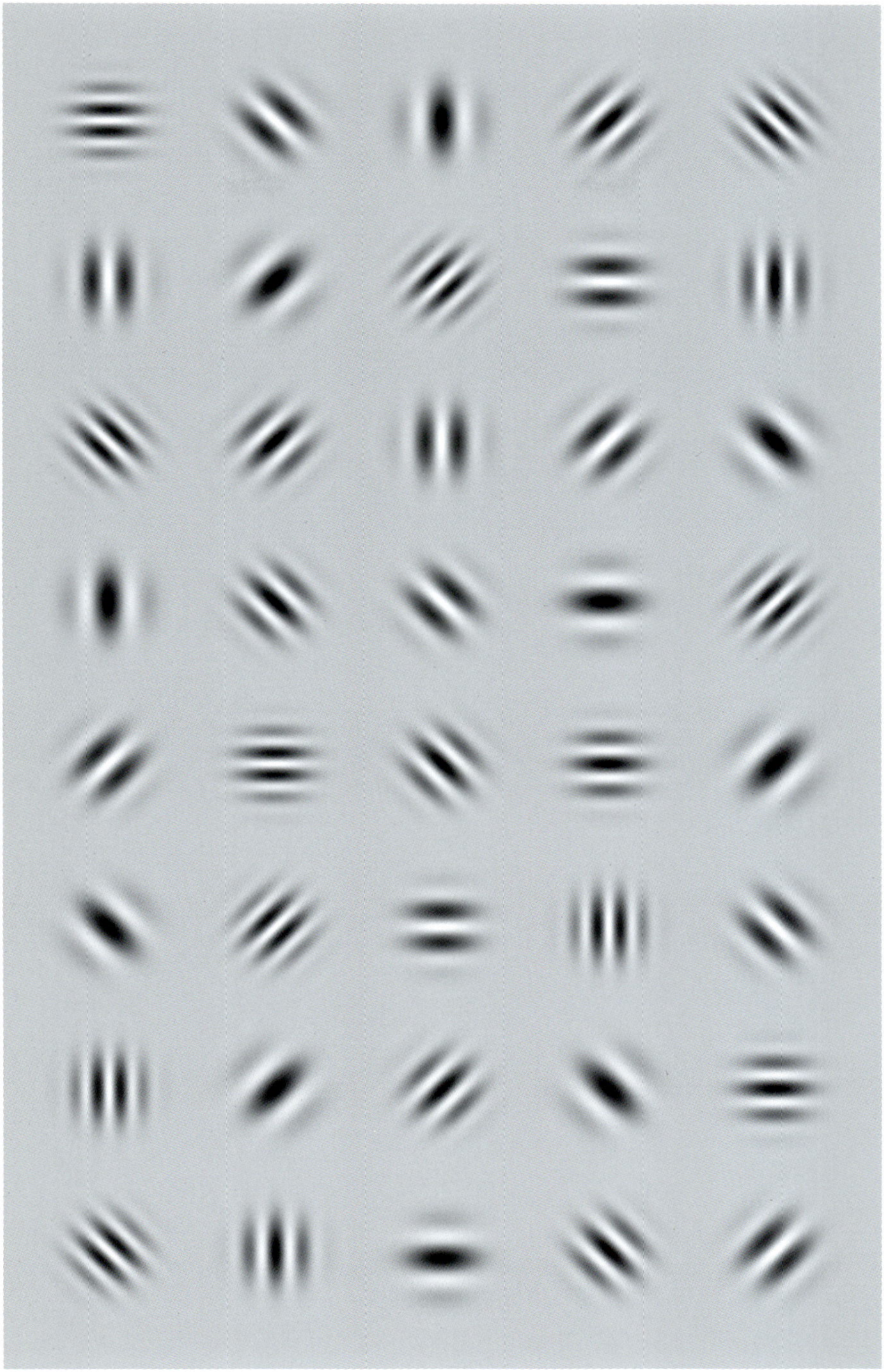

※答えはp63

縞模様の数が増えてきましたが、全部の縞模様について行わなくてOKですよ！

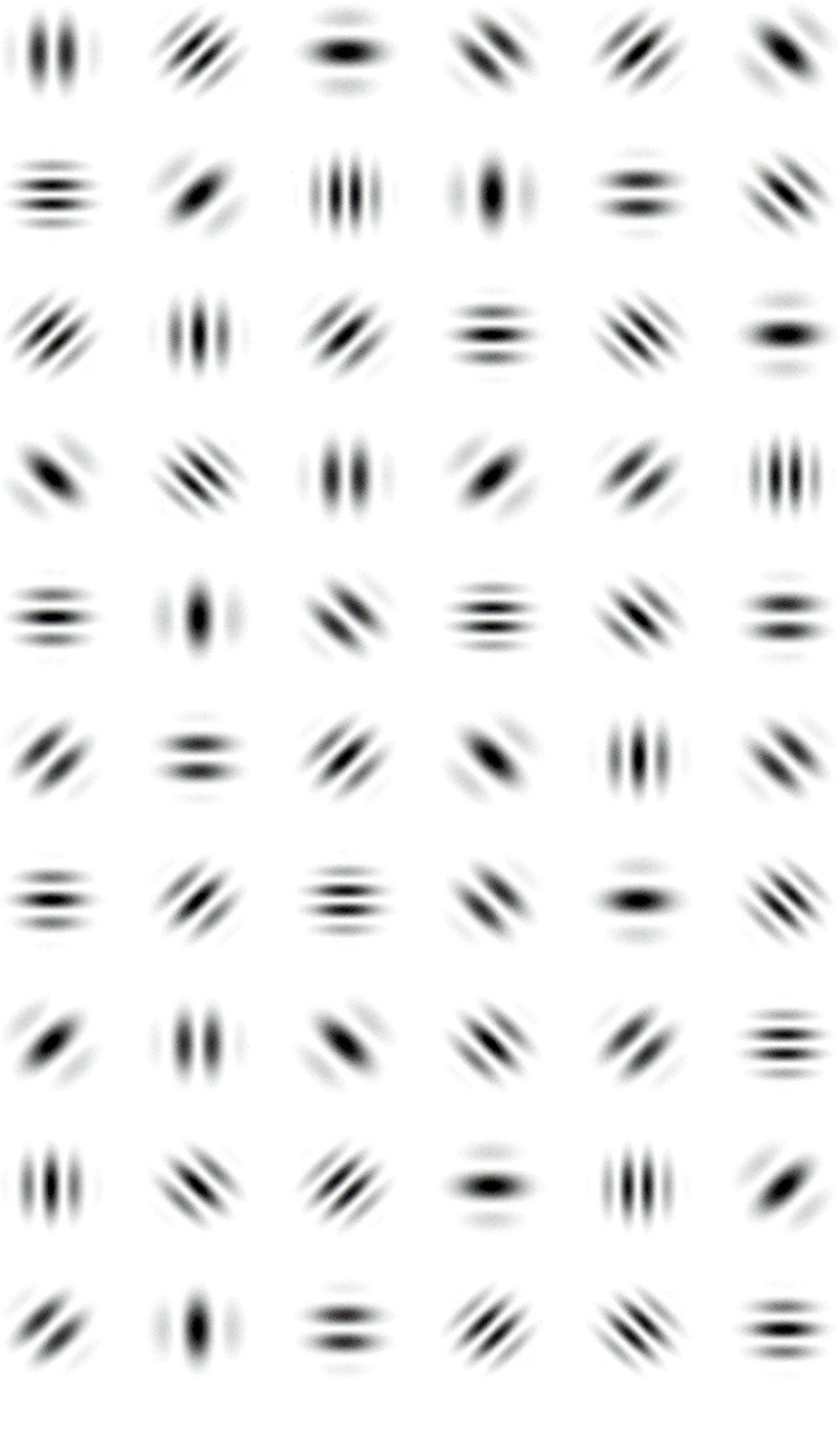

※答えはp64

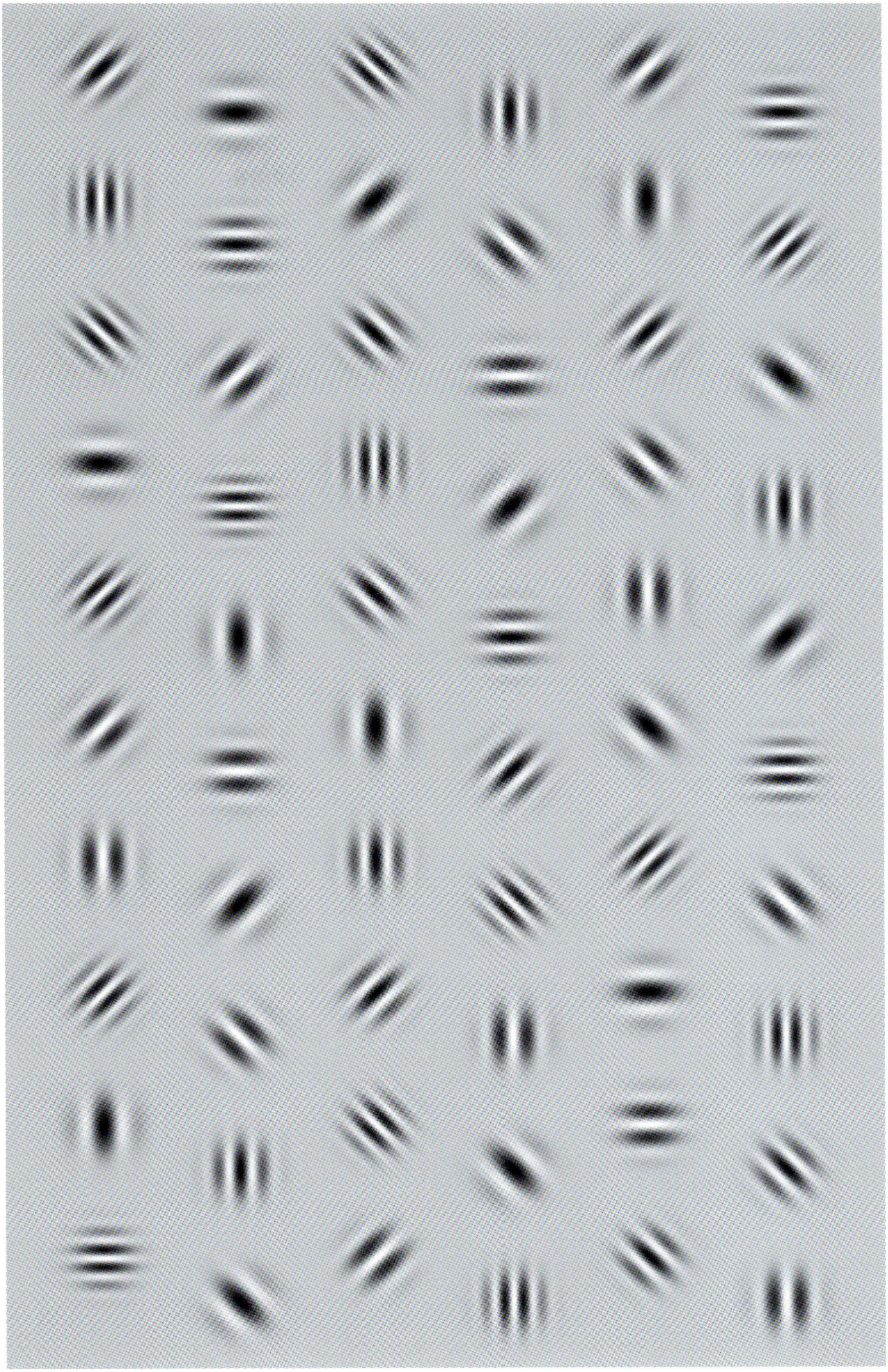

※答えはp65

※答えはp66

慣れてきましたか？　2週目に突入です。3分間から10分間を目安に取り組んでください。

※答えはp67

※答えはp68

※答えはp69

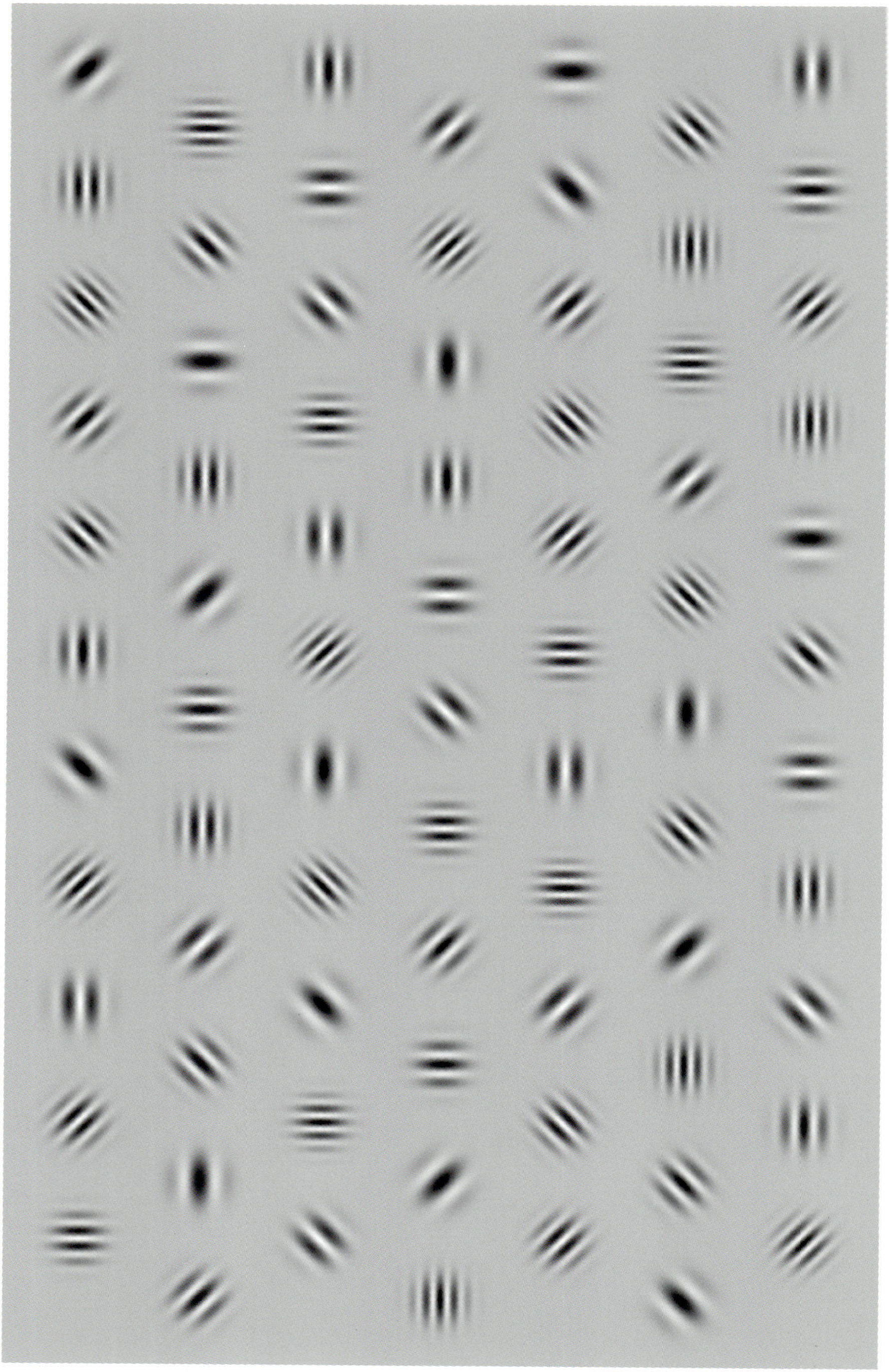

※答えはp70

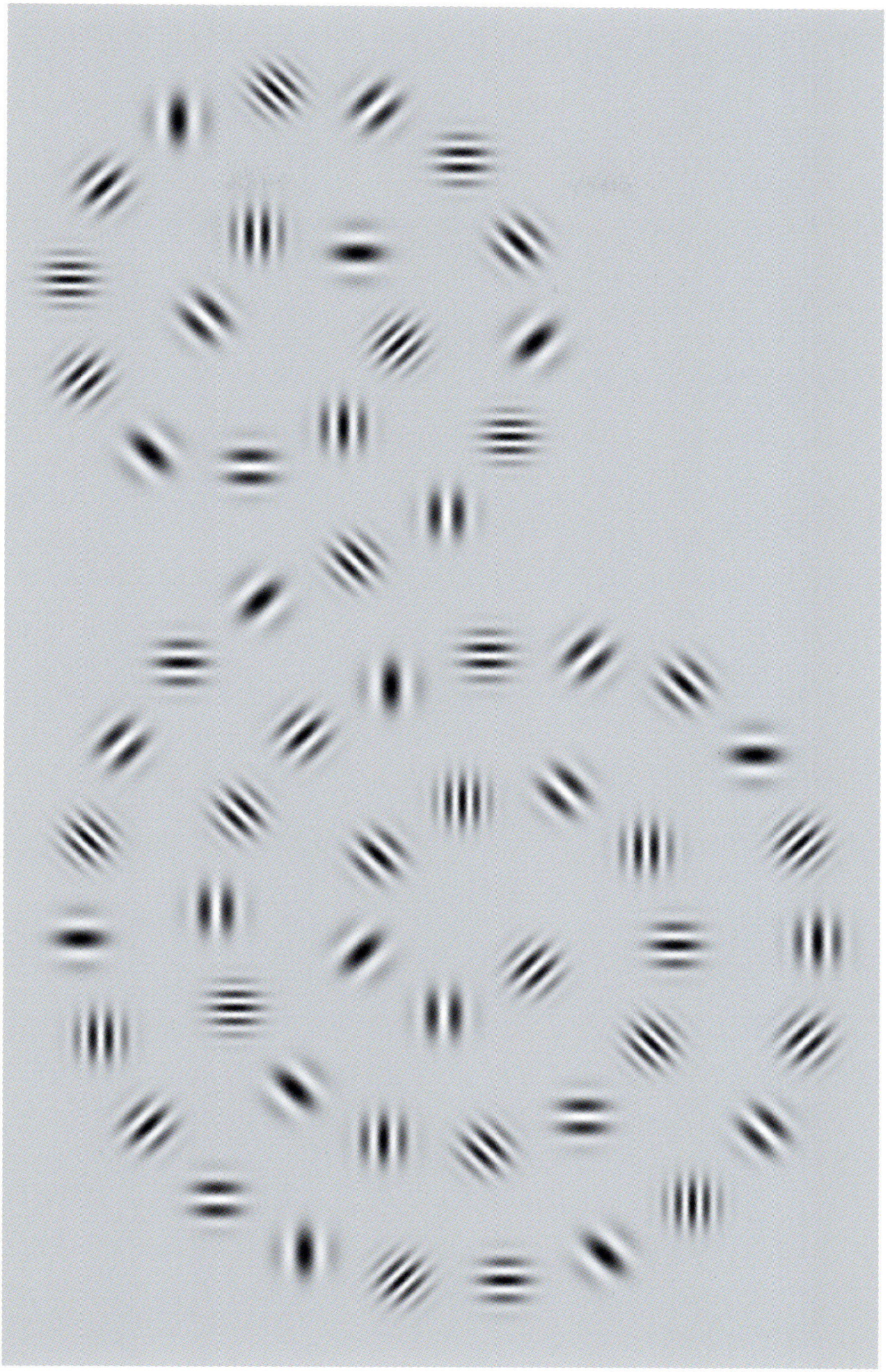

※答えはp71

※答えはp72

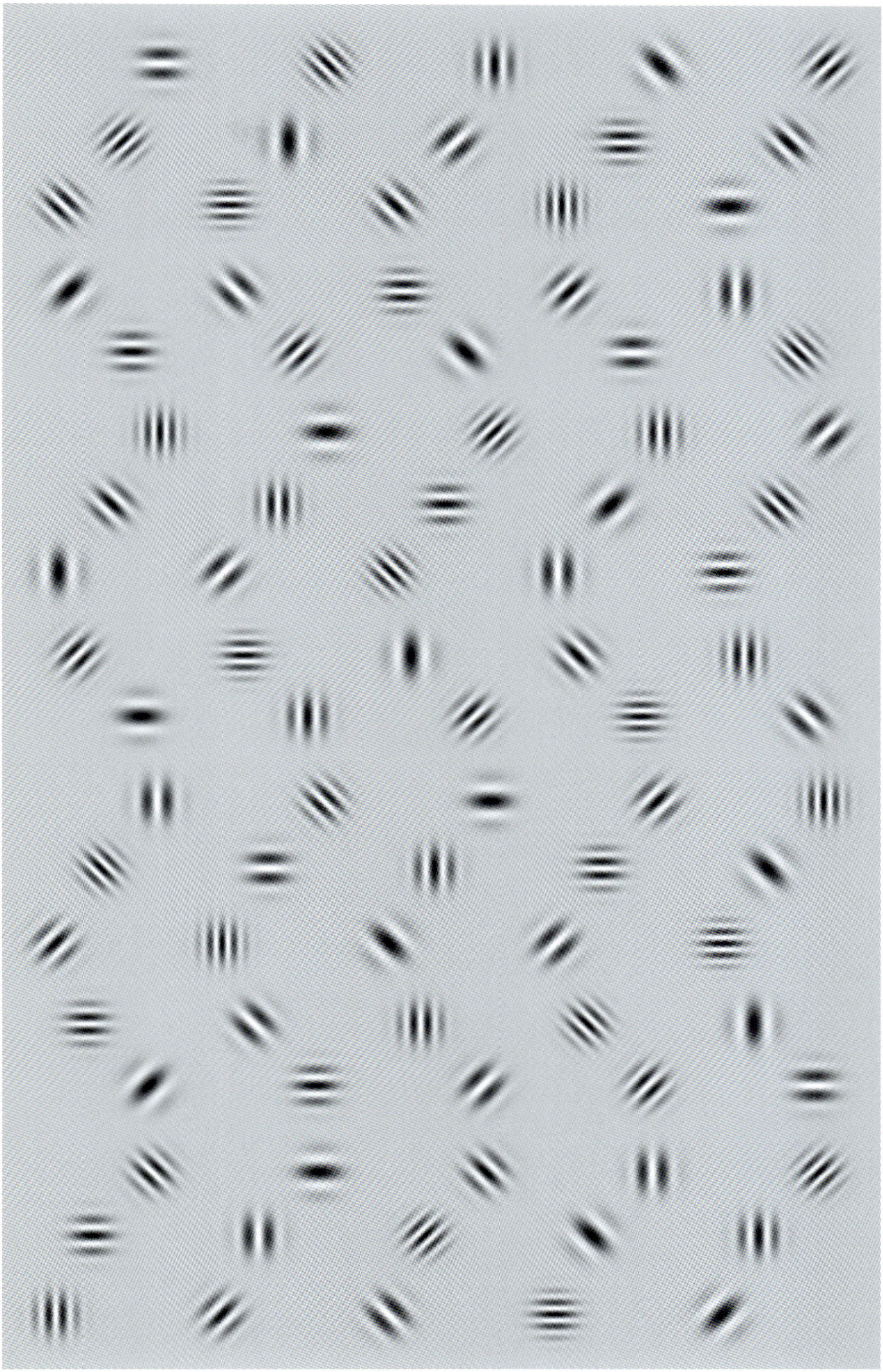

※答えはp73

半分終わりました。ここから後半です。好きな縞模様を選んで無理をせず、気楽にトライしてください。

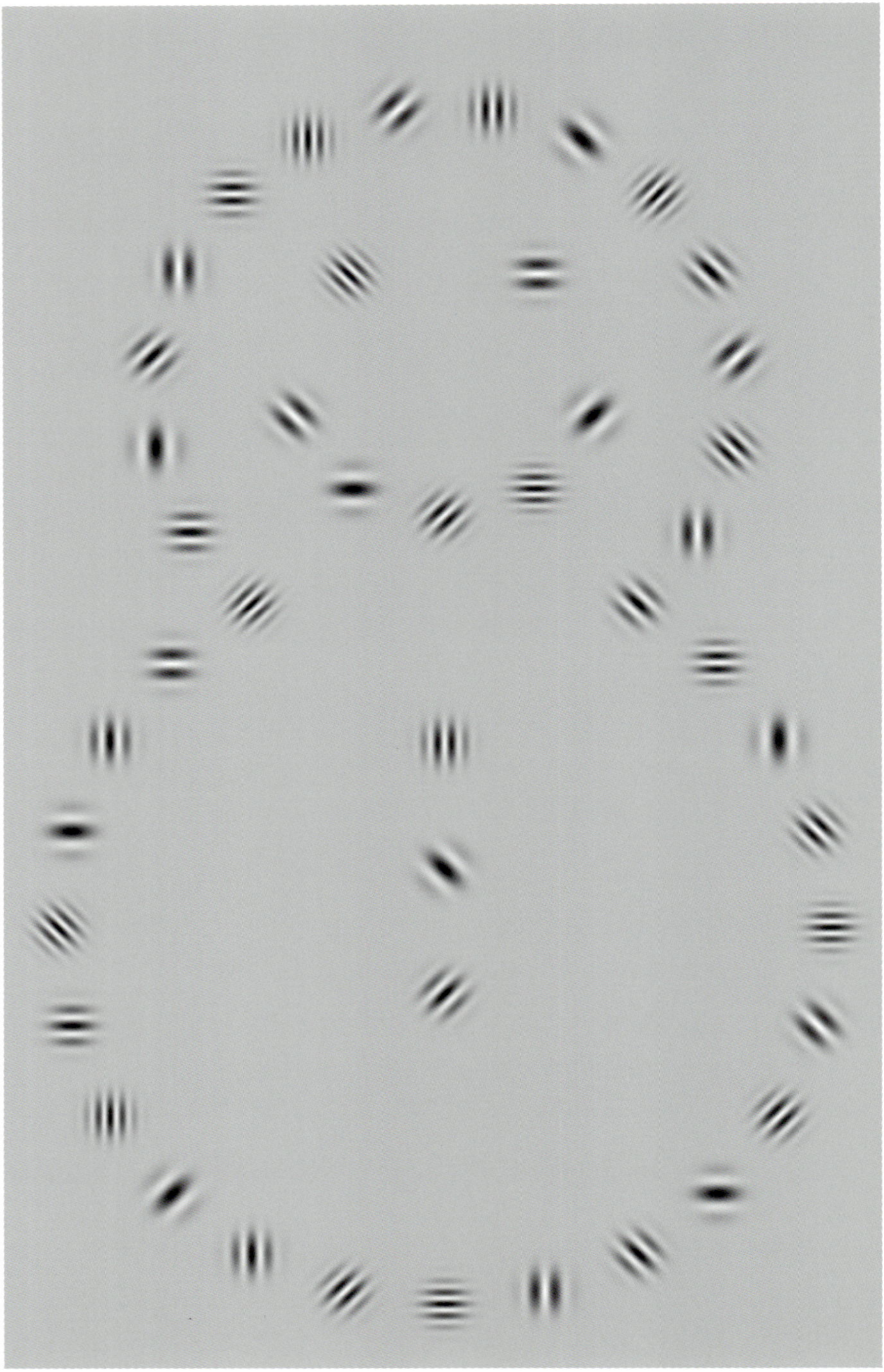

※答えはp74

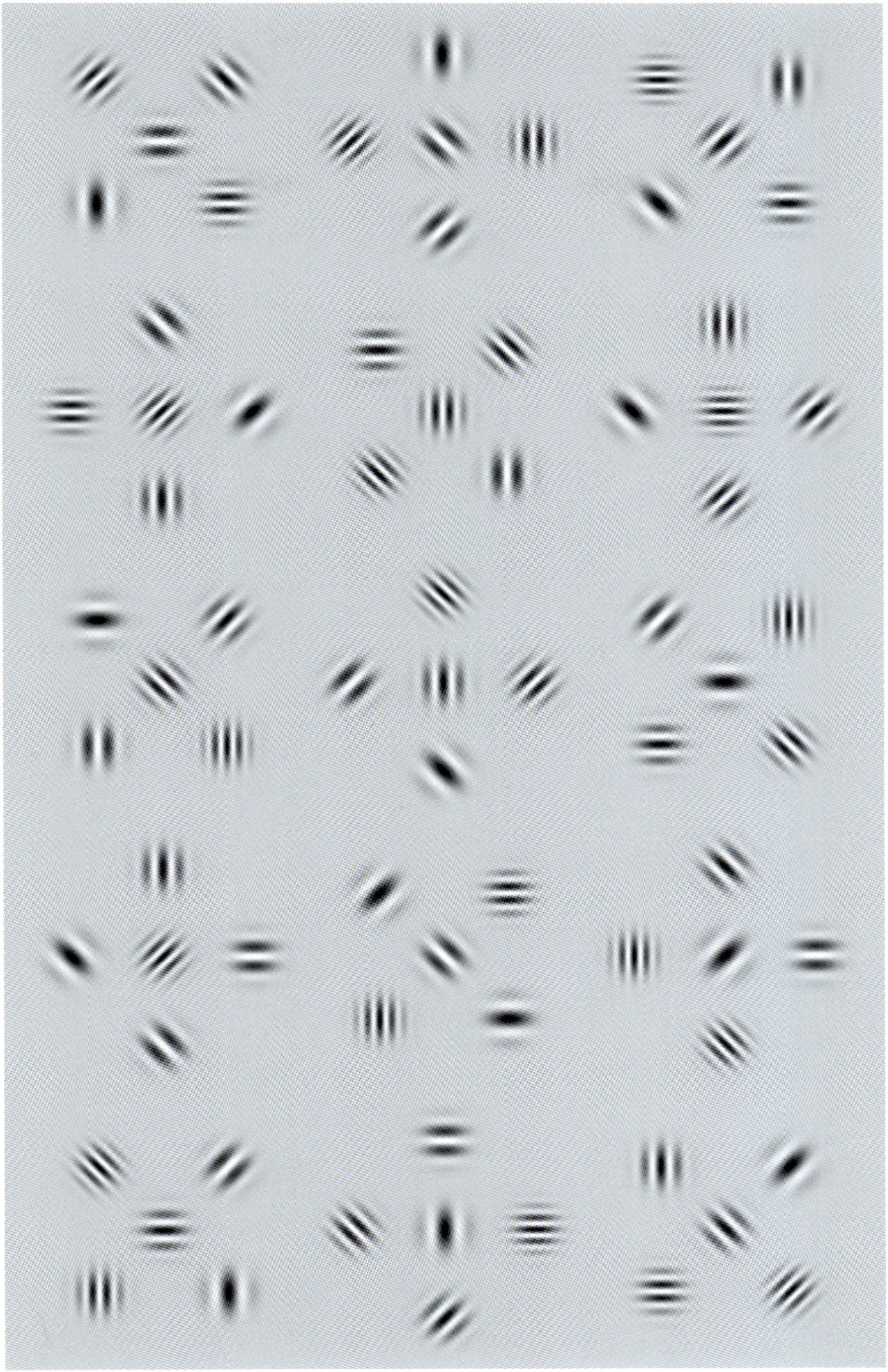

※答えはp75

※答えはp76

※答えはp77

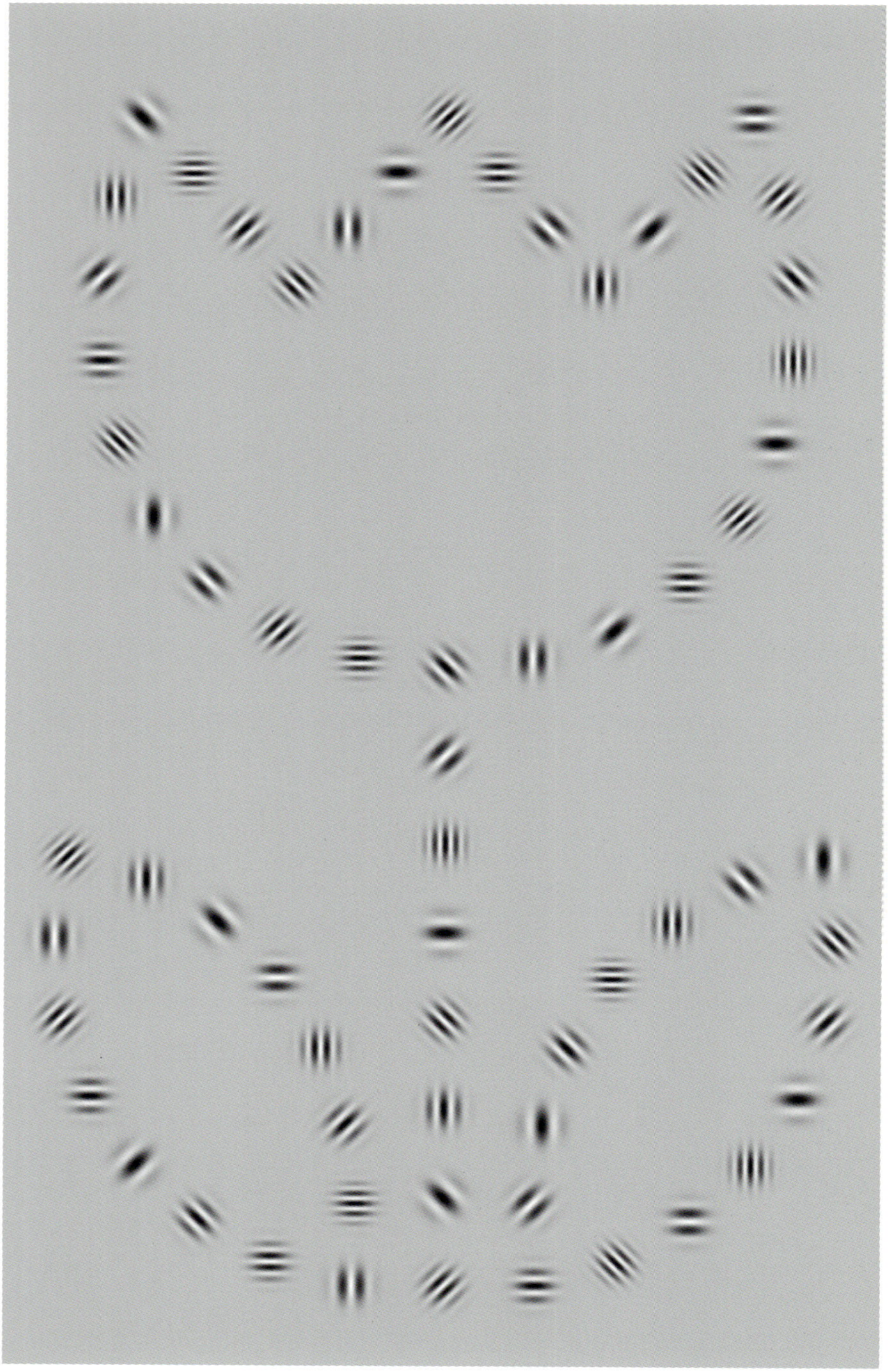

※答えはp78

※答えはp79

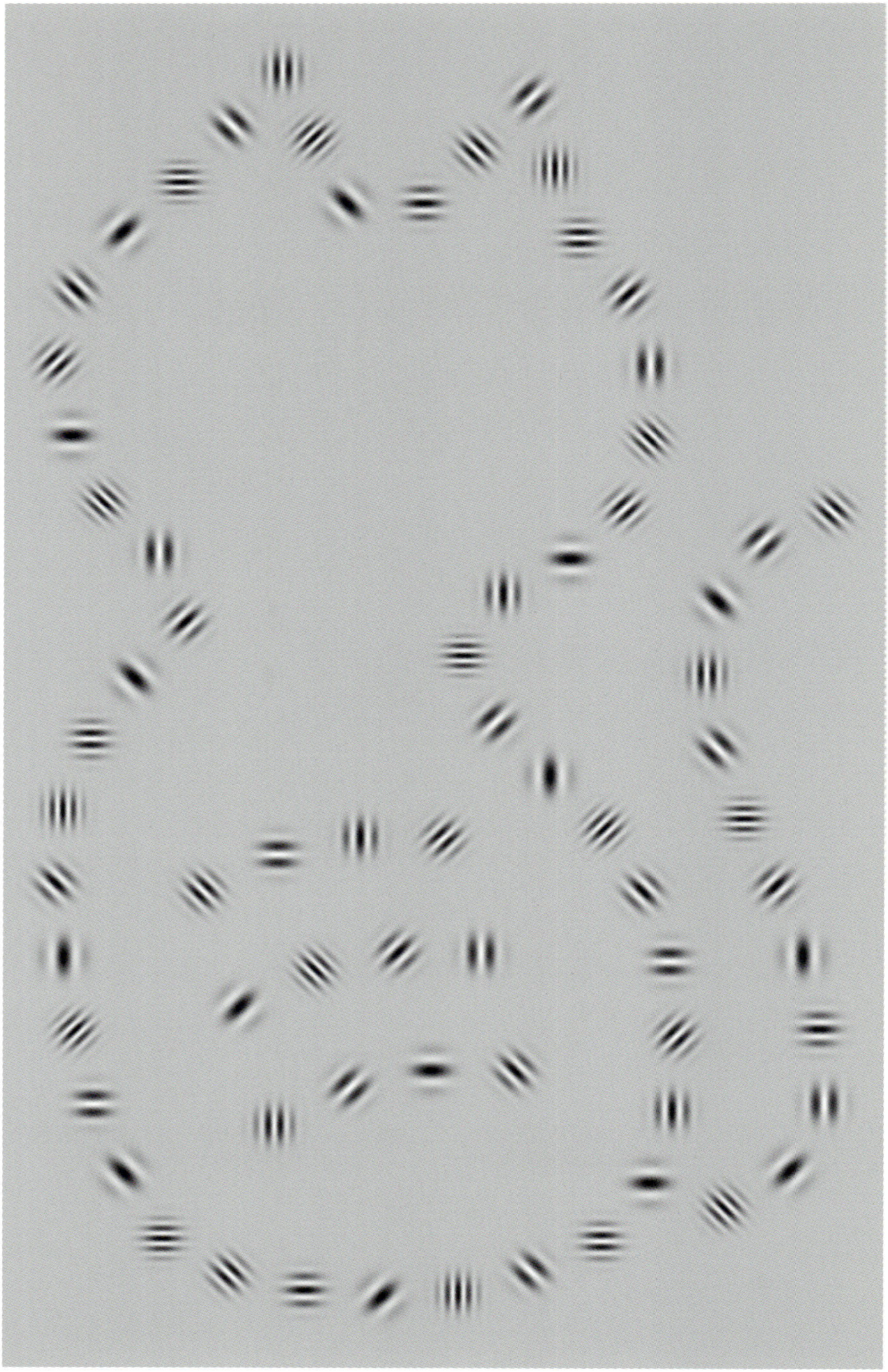

※答えはp80

いよいよ上級編。あと7日、頑張りましょう~。全部の縞模様について行わなくていいですからね!

※答えはp81

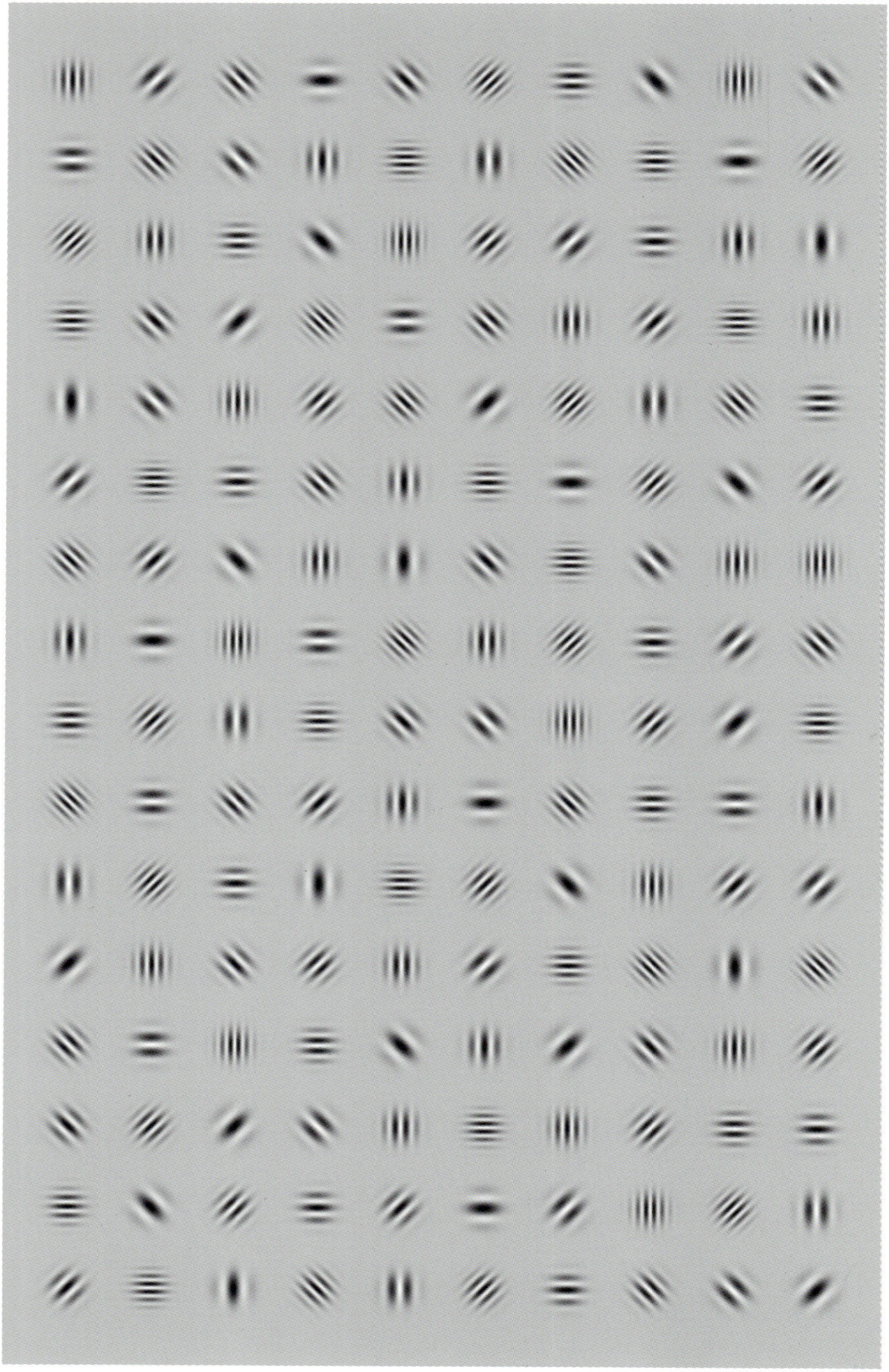

※答えはp82

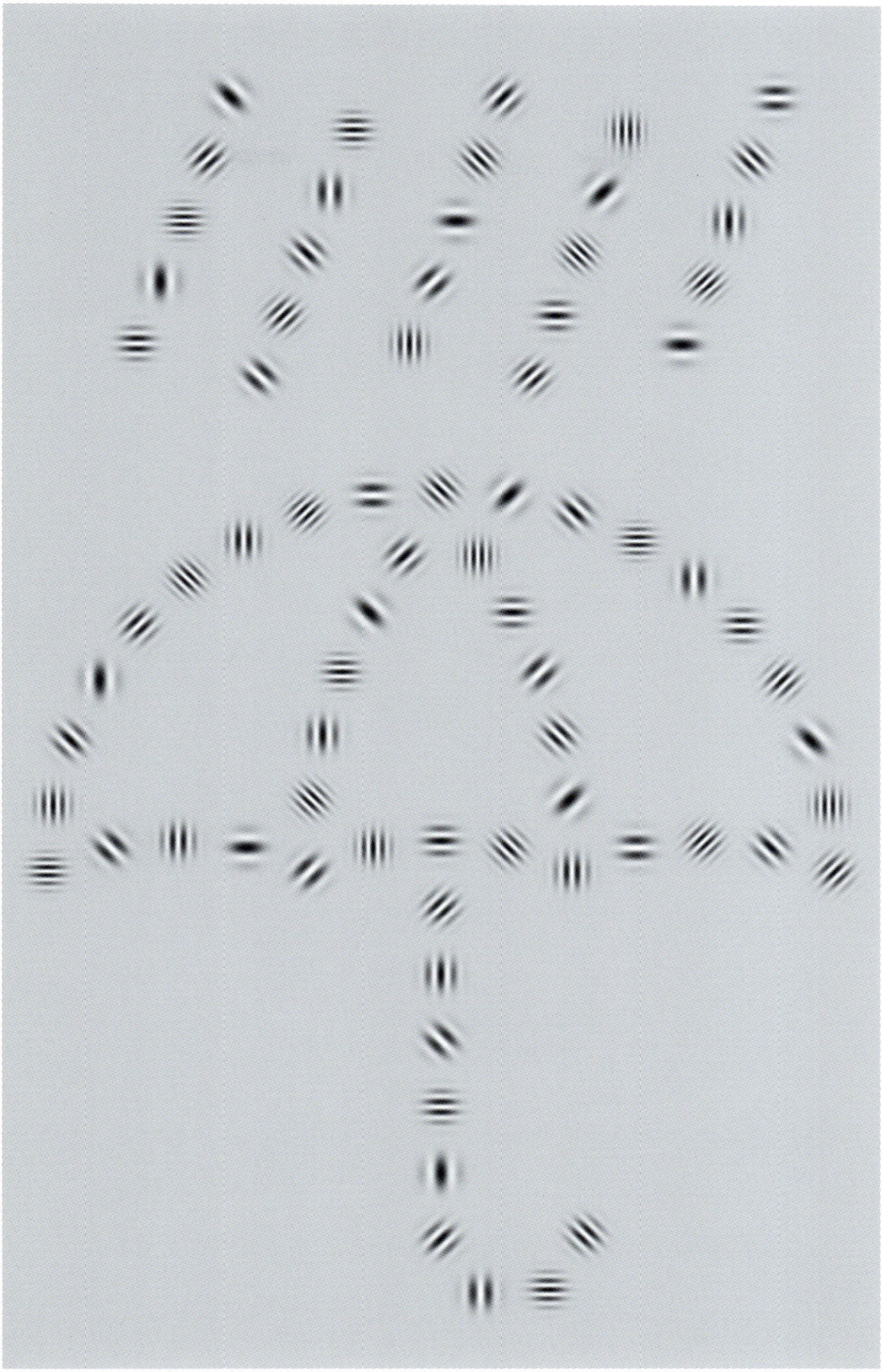

※答えはp83

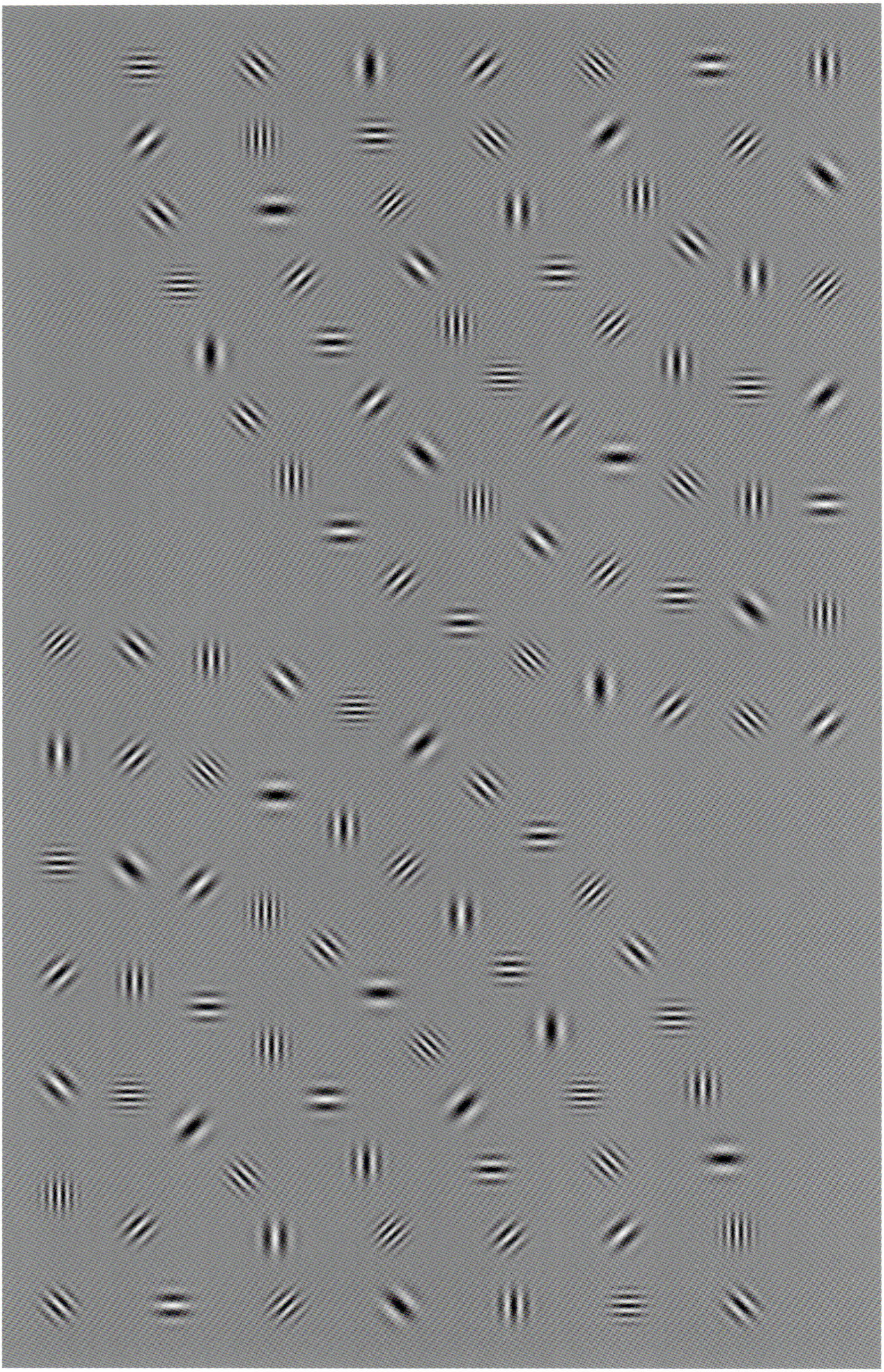

※答えはp84

※答えはp85

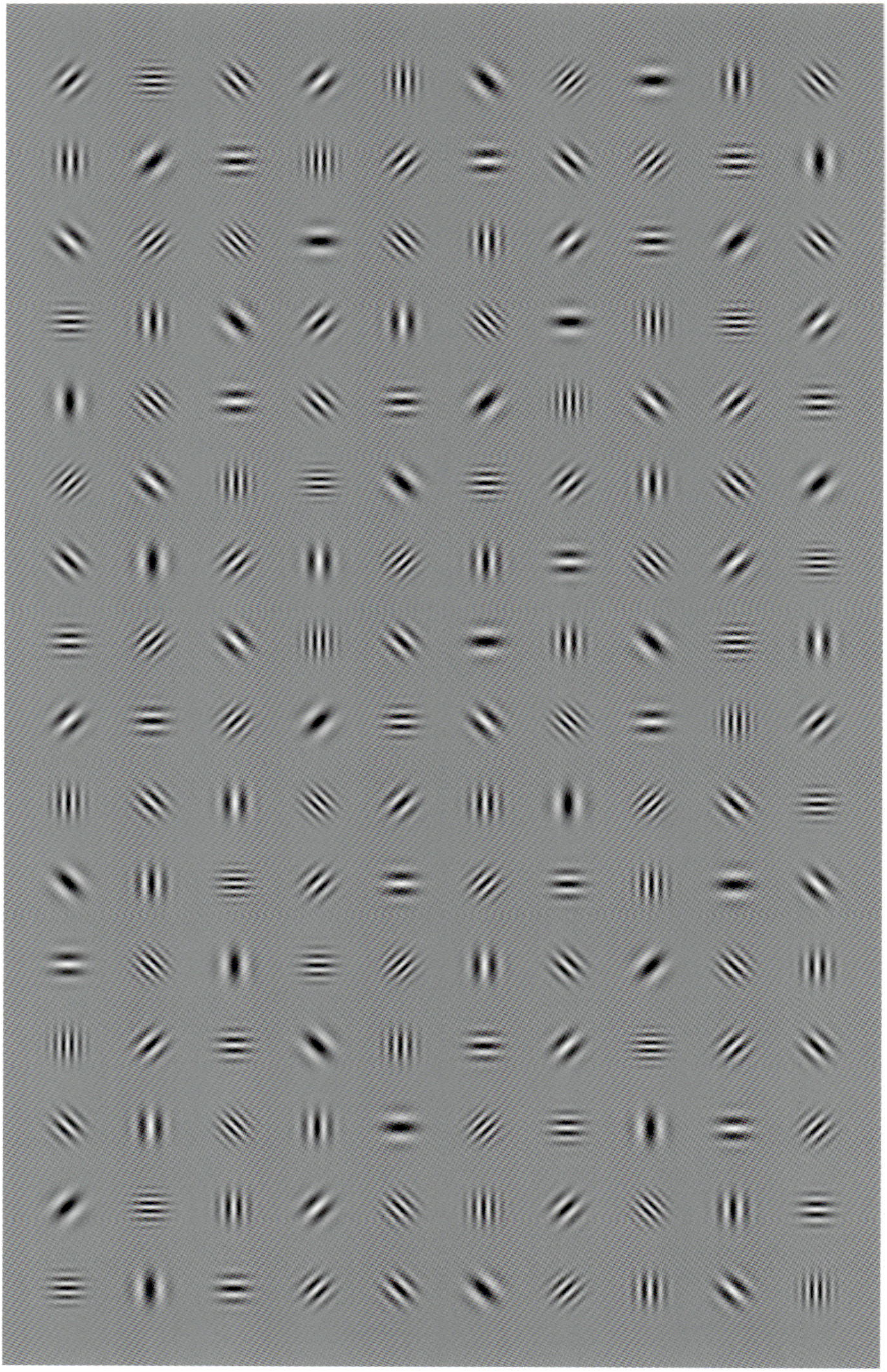

※答えはp86

これで終了です。お疲れ様でした！

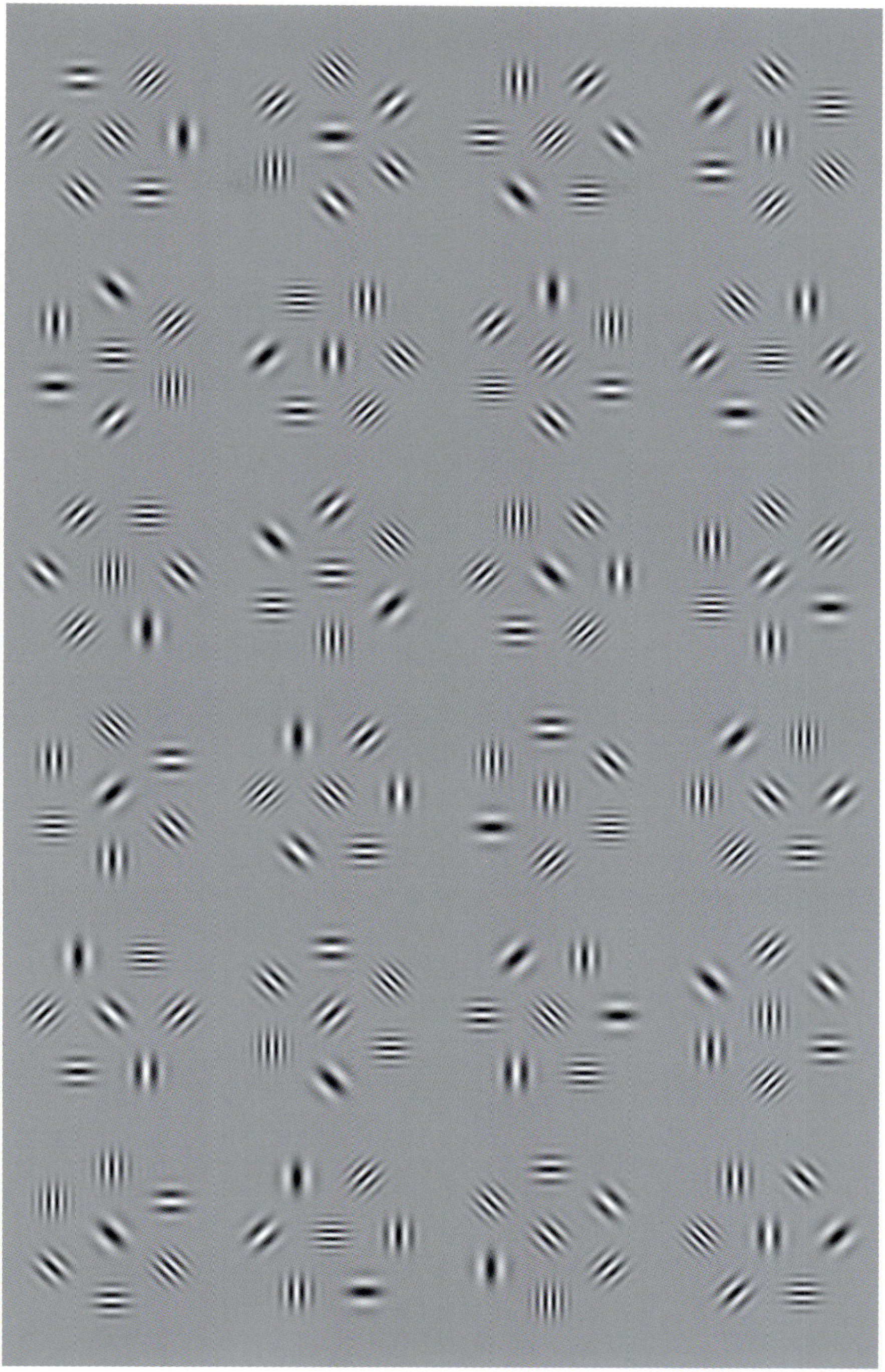

※答えはp87

1日目

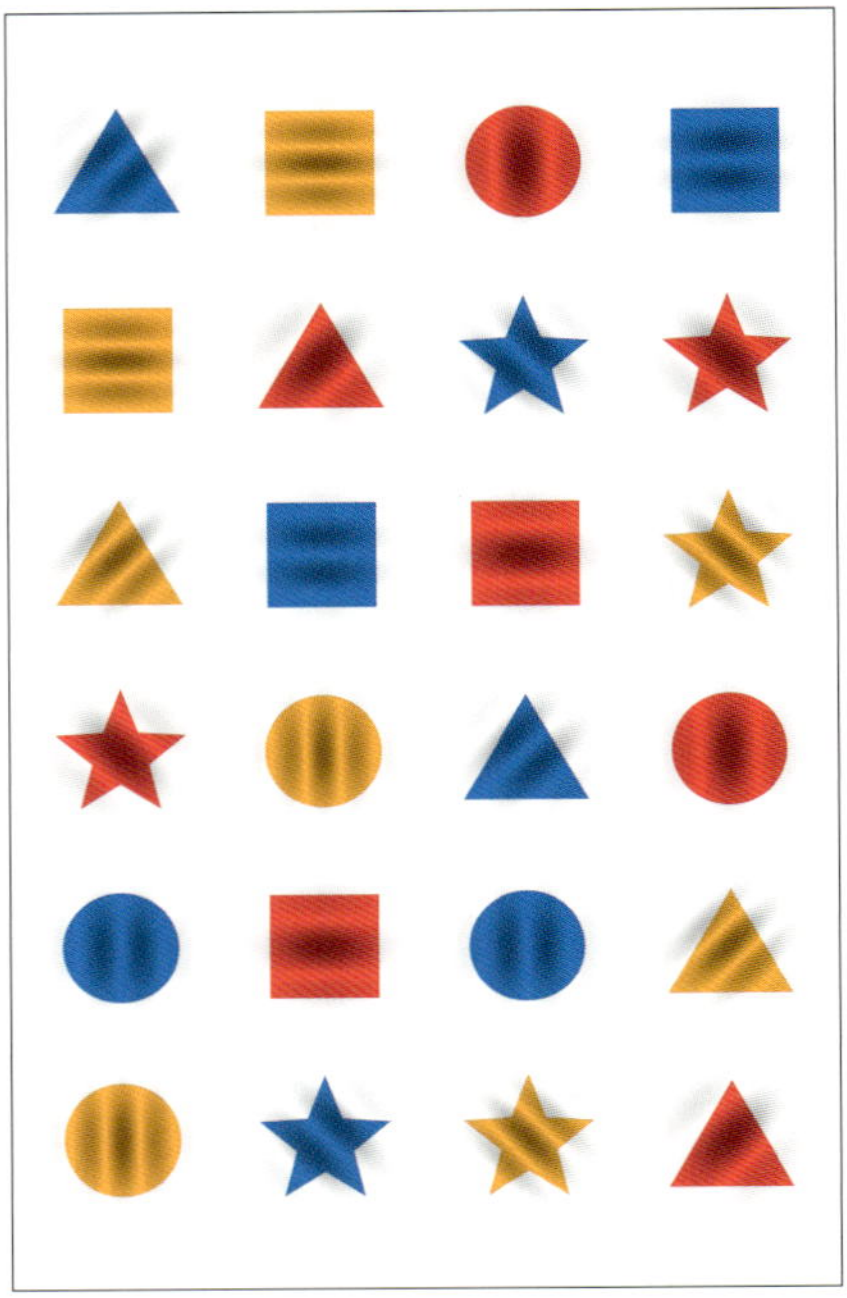

2日目

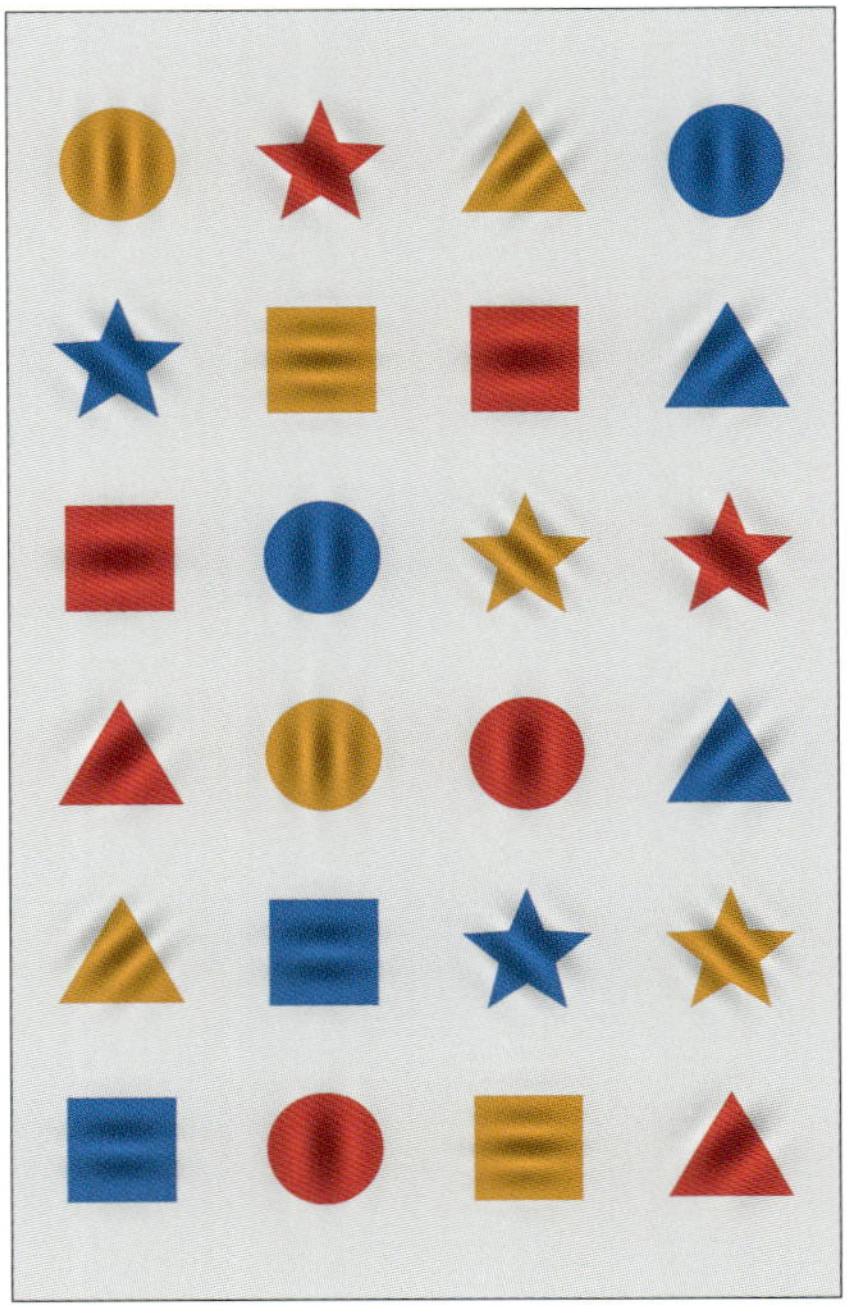

解答の見方

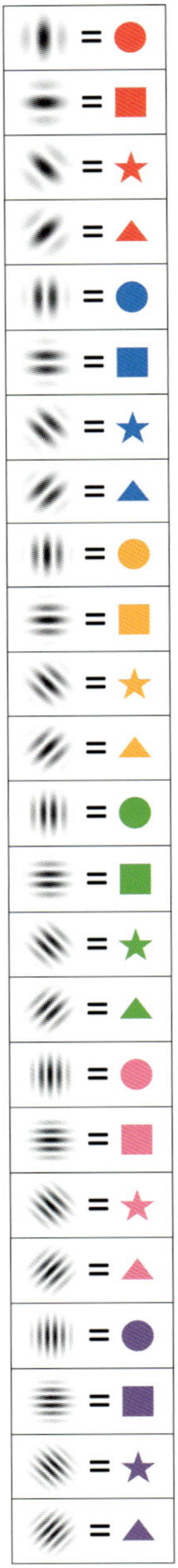

3日目

4日目

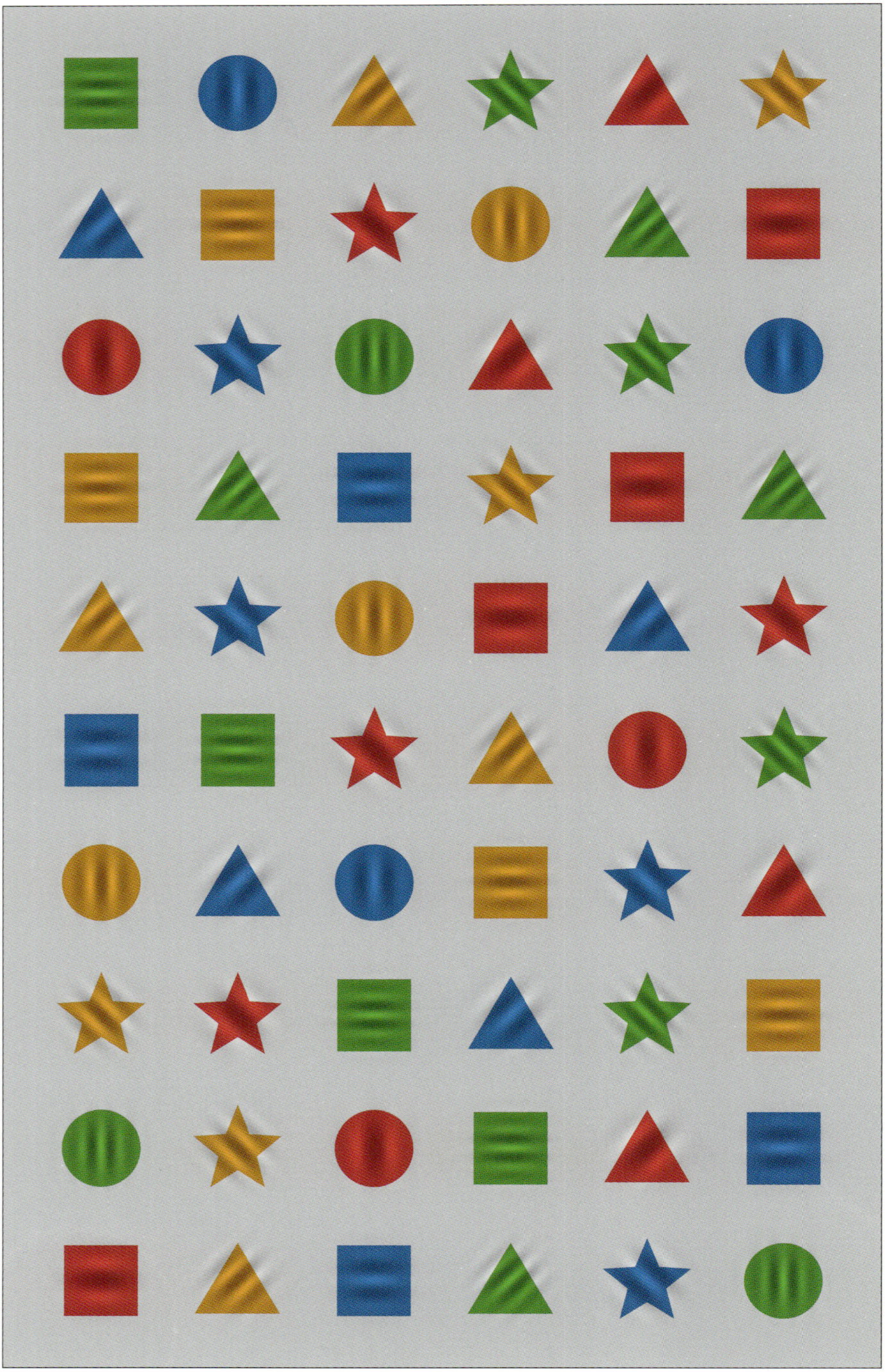

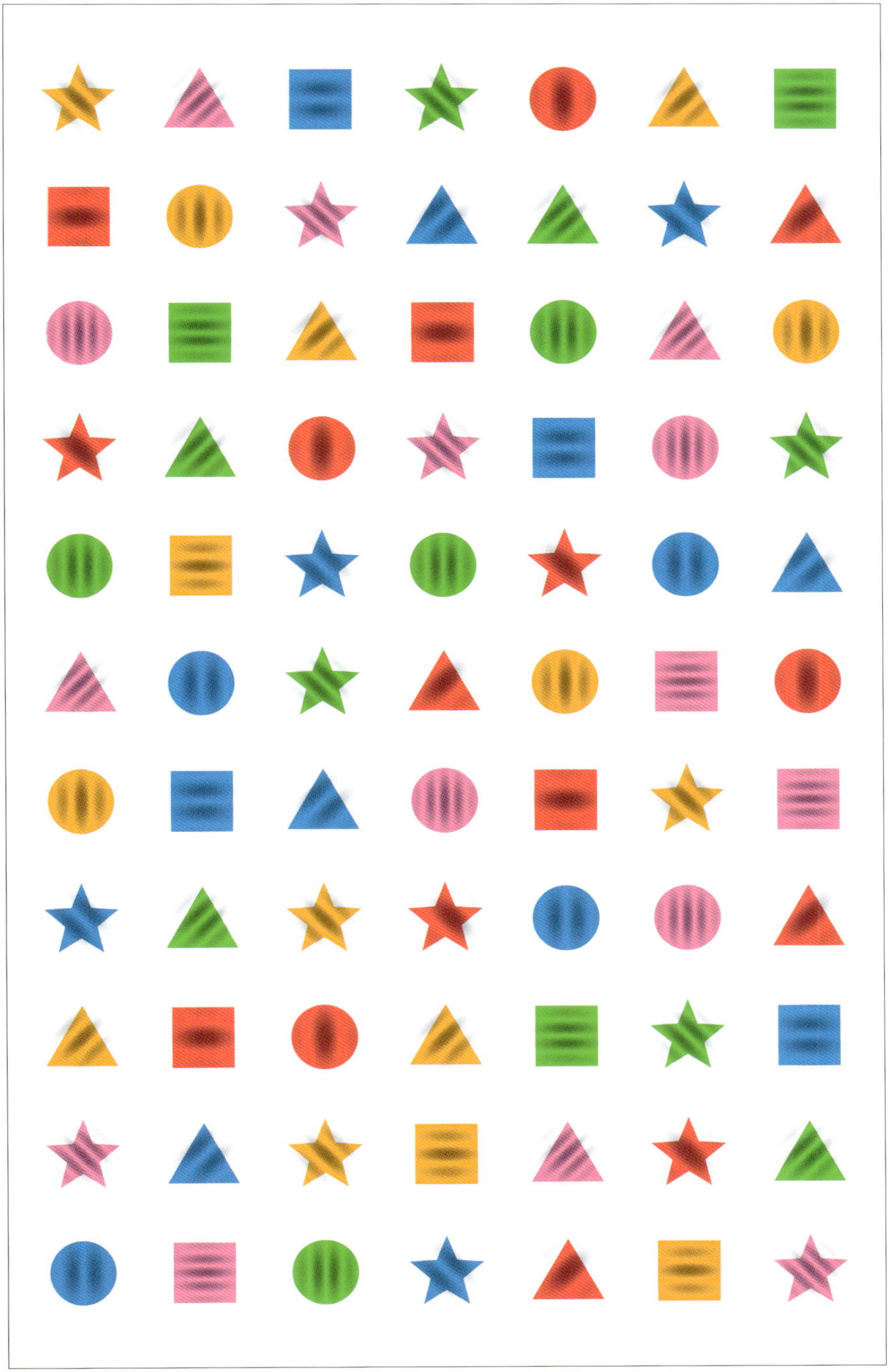

解答

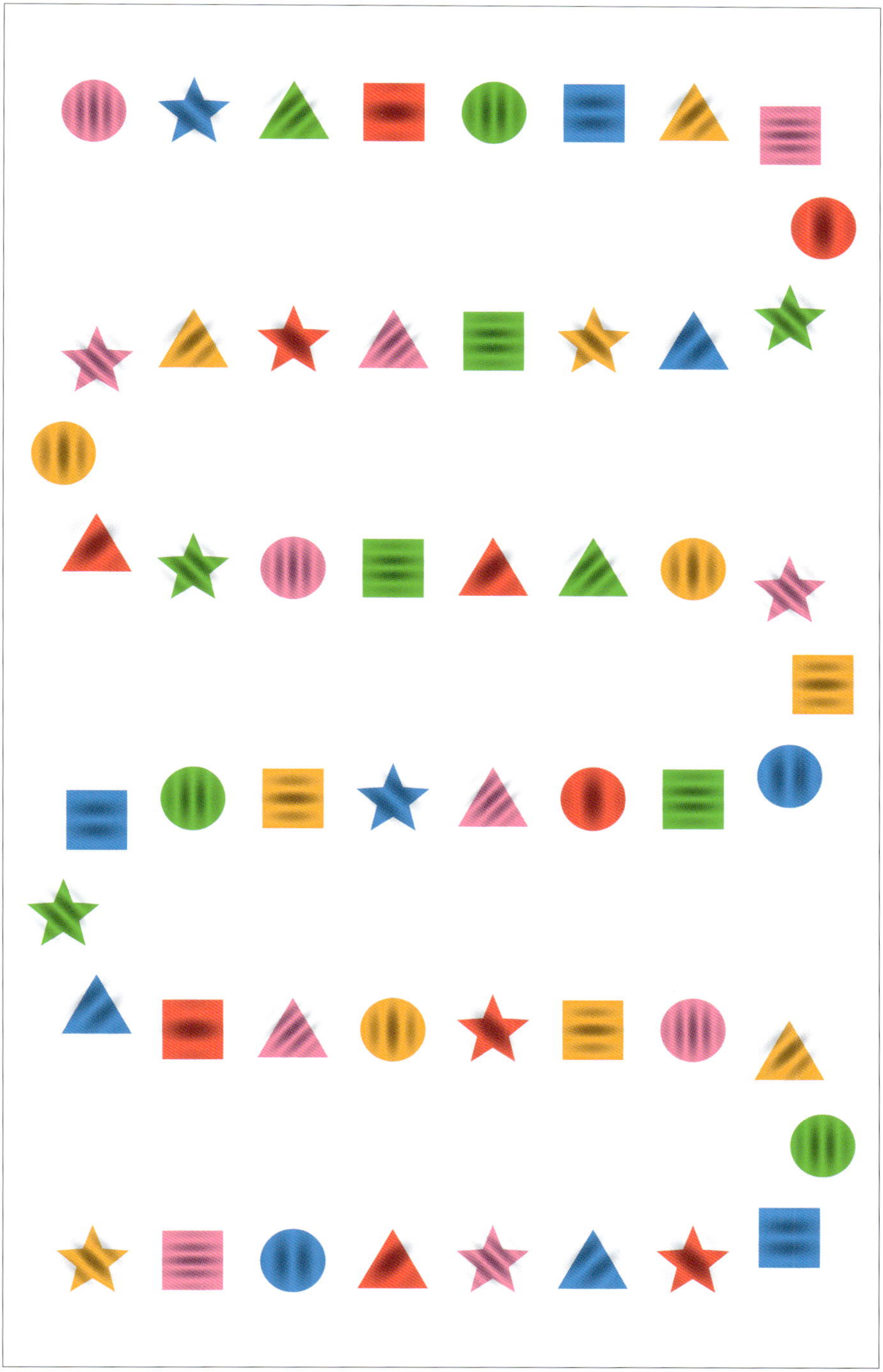

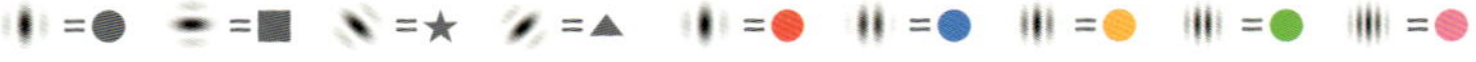

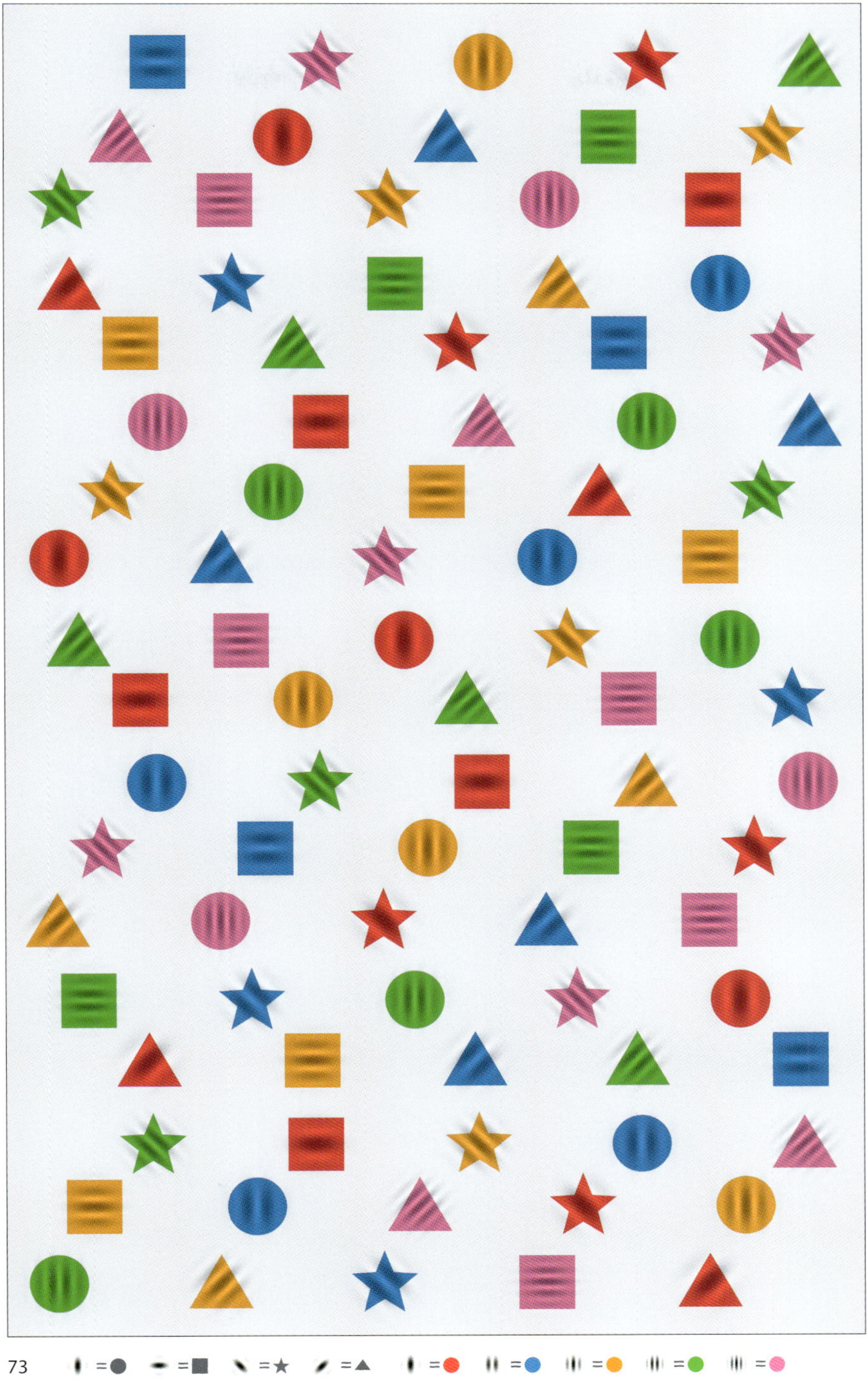

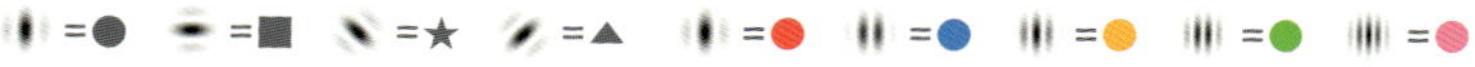

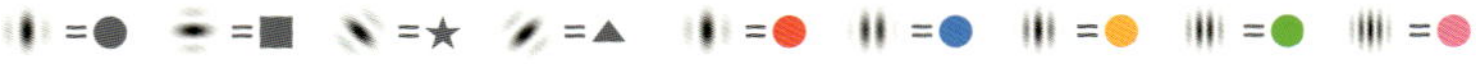

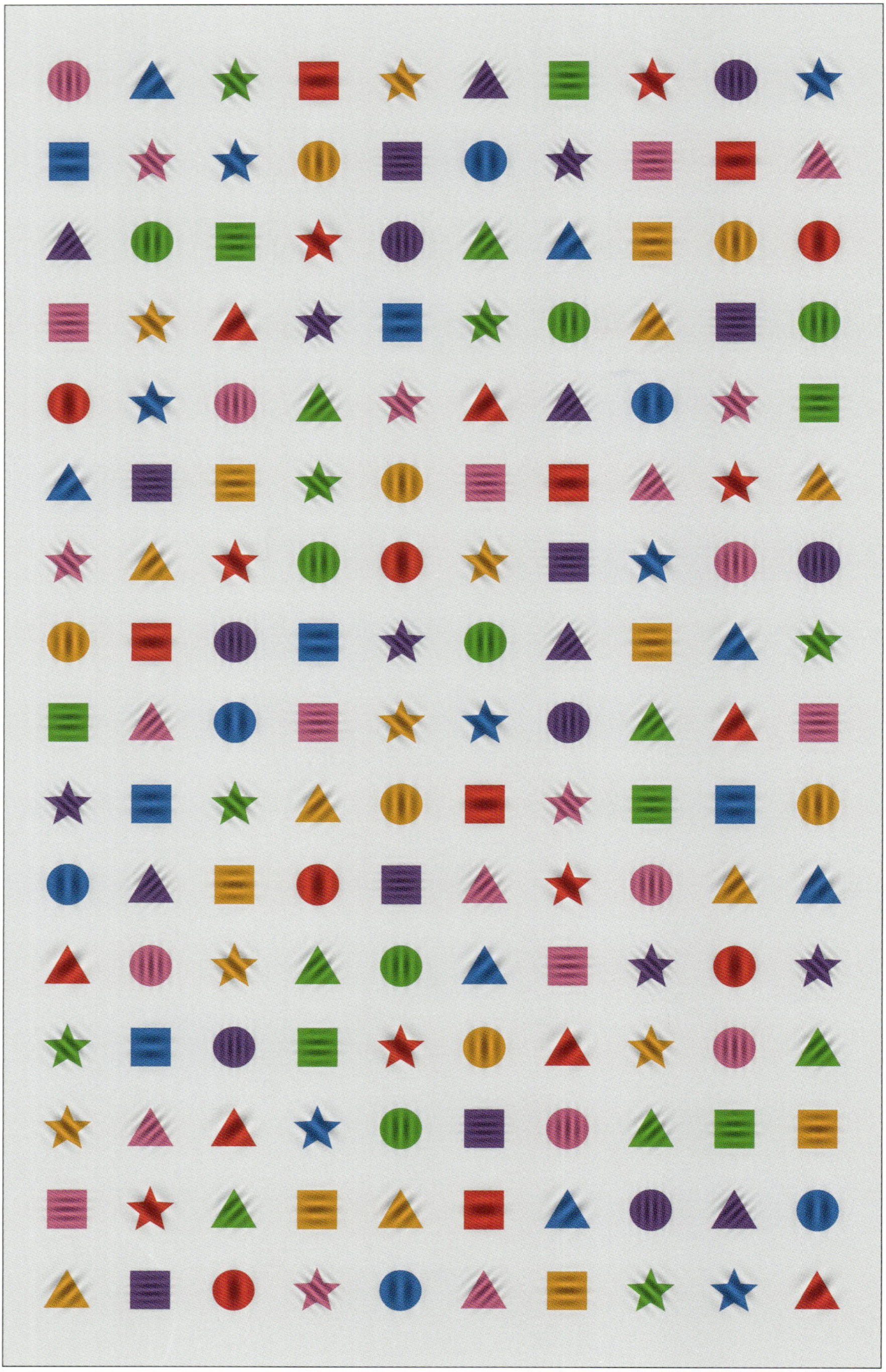

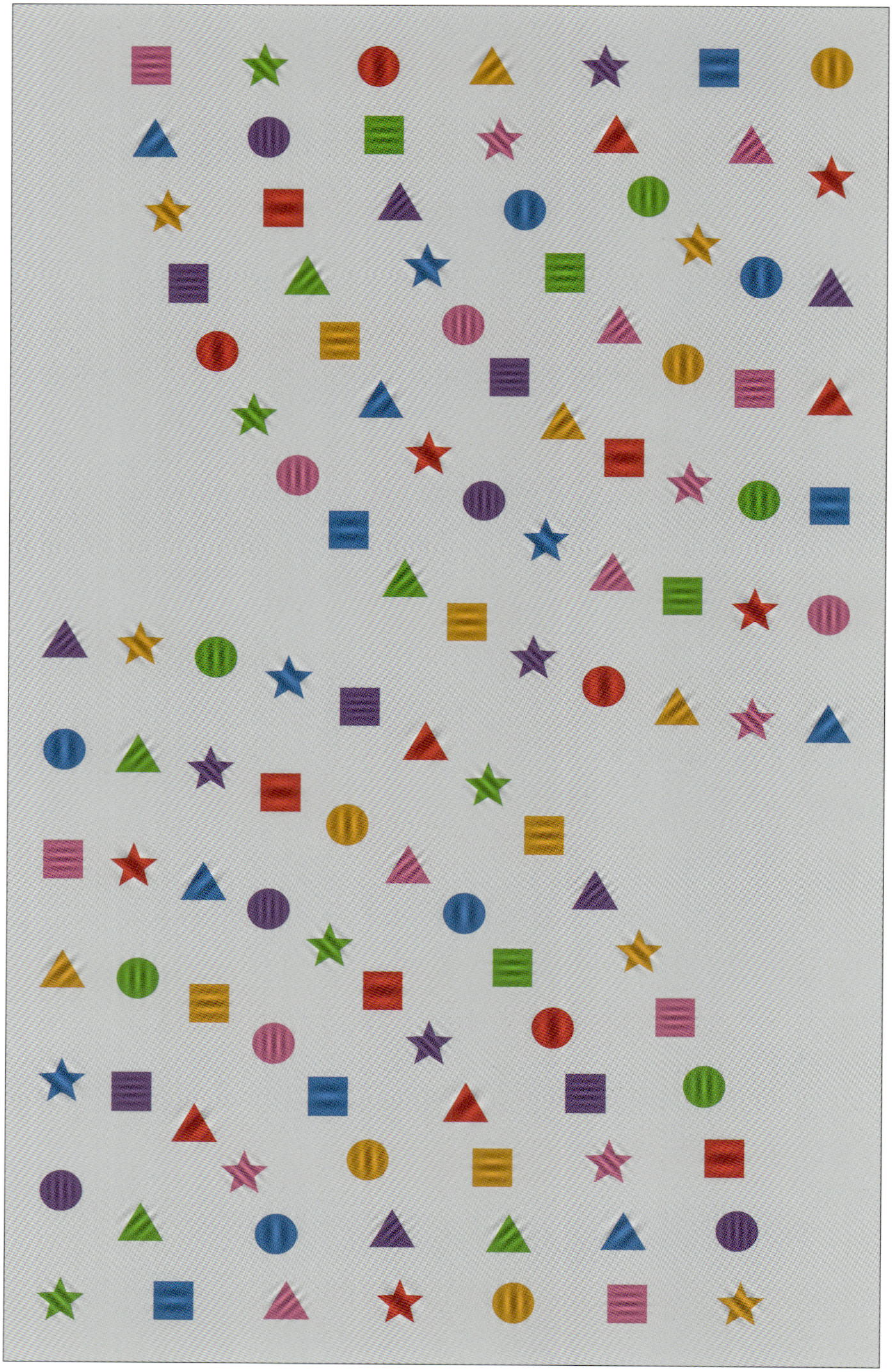

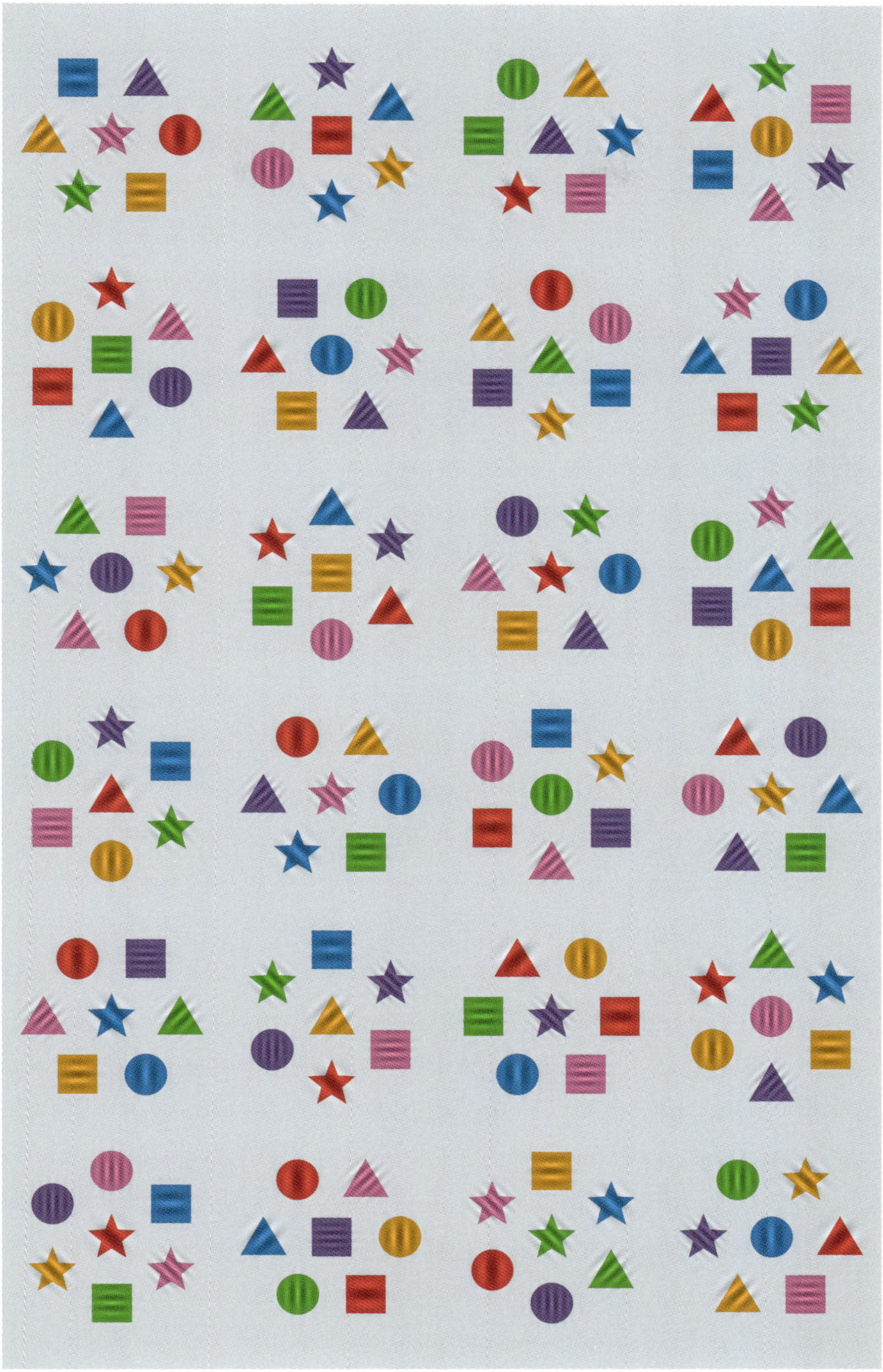

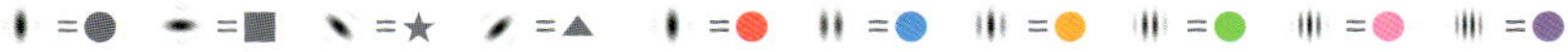

身の回りのもので手軽に「ガボール・アイ」

「透かし見トレーニング」

科学的に証明された方法である「ガボール・アイ」は、ぼやけたものを見て判別する能力を鍛えるためのものです。**同じようなトレーニングは実は、他の方法でもできる**のです。

用意するものは、片面だけに文字が書かれた紙1枚だけ。会社で配られた資料でも、町内会の案内でも、学校で配られたプリントでも、何でも構いません。シャーペンやボールペンで、自分で文字を書き込んだ白い紙でもOKです。

ただし、コピー機や家庭用プリンターで通常使われているような、**光沢のない普通紙と呼ば**

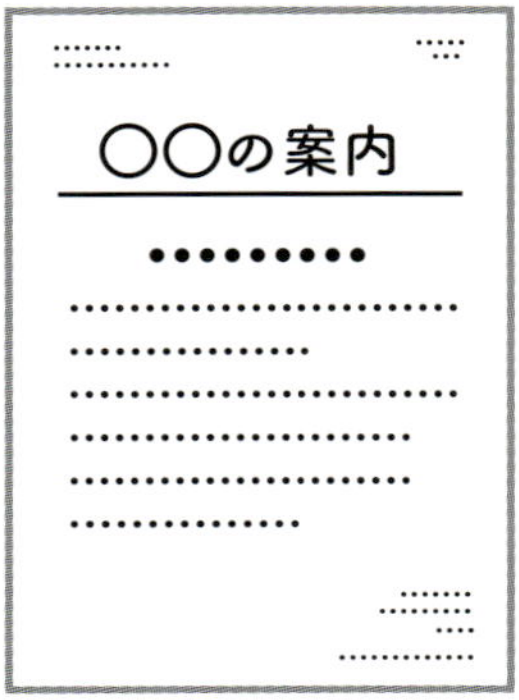

用意するのは、片面に文字が書かれた紙1枚だけ。自分で文字を書き込んだ紙でもいい

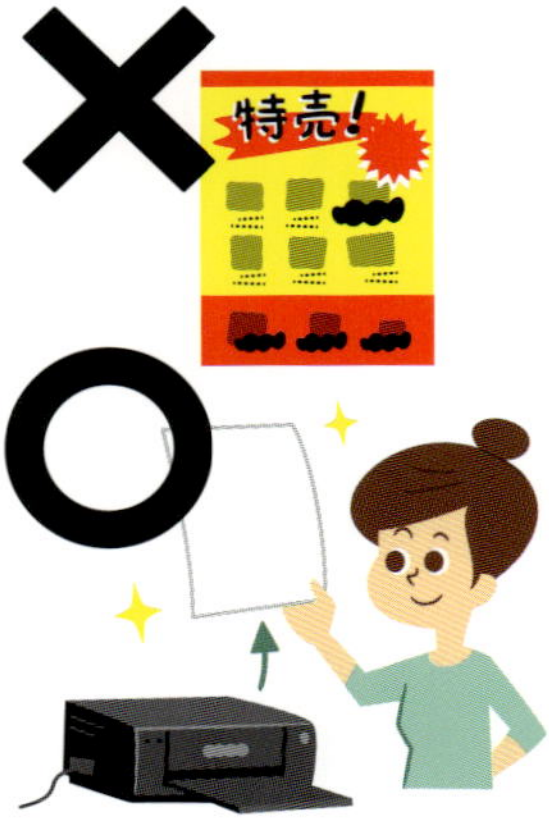

でも、ツルツルしている光沢紙だと、光がほとんど透けないからダメ。普通紙のような紙を選ぶ

文字が書かれていない裏側から見て、文字を判読してみる。まずは光にかざしてやってみよう

慣れてきたら、光にかざさないで文字を判読してみる

れるような紙にしてください。折込チラシなどでよく使われる、光沢があってツルツルしていて、ボールペンで書き込んだ所を指でこするとにじんでしまうような紙は不向きです。

トレーニングの方法ですが、用意した紙を、文字が書かれていない裏側から見て、文字を判読するだけです。この時、はっきりとは見えないものを頑張って読もうとすることから、「ガボール・アイ」と似た効果が期待できるのです。

最初は、光に透かして見ます。ほとんどの方が、はっきりと見えるはずです。慣れてくれば、光に透かさないで見えるようになりますよ。

1回につき3分を目安に、1日1回で、なるべく毎日続けるといいでしょう。

視野を広げたい場合も「ガボール・アイ」にお任せあれ

「視野回復トレーニング」

緑内障で視野が欠けたり、加齢によって視野が狭まったりというような視野の問題（視野欠損）を改善するトレーニングです。視野改善については様々な方法が実際に研究されていますが、ここでは「ガボール・パッチ」を使った方法をご紹介します。

p46にある13日目の「ガボール・アイ」用のシートを使います。

1. 左目をつぶって右目は開けます
2. 本を90度回転させて、シートが横長になる状態にしたら、シートの中心を凝視します
3. 目線は動かさずに、視野をどんどん広げていき、視野がシート全体に行き渡るようにします
4. 全体が同じように見えていれば、問題はありませんので、ここで終了してOKです。そうではなくて、欠けていたりぼやけていたりして見えている部分があれば、問題ありですので、以下の**5**から先のステップに進んでください

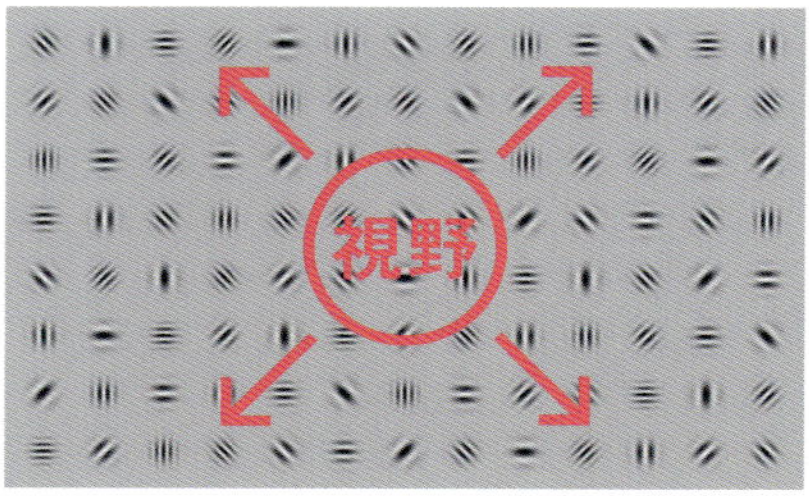

片目（まずは右目だけなど）で、90度回転させて横長の状態にした13日目のシートの中心を凝視し、目線は動かさずに視野をどんどん広げていく

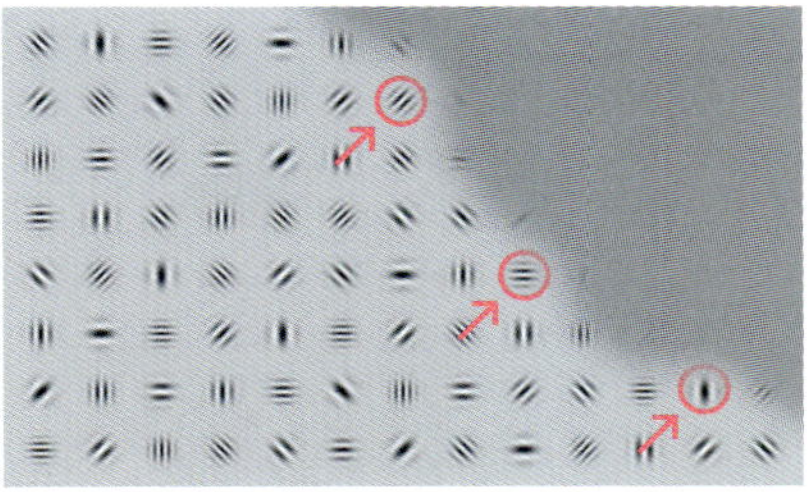

見えにくい範囲に差し掛かる場所にある「ガボール・パッチ」を判別する。次に、視野がはっきりしている方にシートを少しずらして見え方を確認する

5. シート（この本）も目線も動かさないままで、ちゃんと見えていない所と、ちゃんと見えている所の境目のあたりにある「ガボール・パッチ」がどんな形であるのかを判別してください

6. うまく判別できなかったら、視野がはっきりしている方にシートをずらして、正しい見え方を確認します

7. 他の、視野がはっきりしている部分とそうではない部分に差し掛かっている「ガボール・パッチ」についても、同様のことをします

8. 今度は、左目についても同じようなトレーニングをしましょう

以上を繰り返すことで、**次第にはっきりと見える部分が広がっていきます**。慣れてきましたら、18日目（p51）、23日目（p56）など、もっと細かく「ガボール・パッチ」が碁盤の目状に並べられたシートで挑戦しましょう。「シート」はこれらのように、**隙間があまりなくギッシリと「ガボール・パッチ」が並べられたものがお勧め**です。**もっと細かく書き込みがされたものでも、同じようなトレーニングができます。例えば、新聞の株価の一覧が載った面など**、小さな字がビッシリと書き込まれていますので、題材としてはピッタリでしょう。

さらに
目がよくなる秘策 その❶

人差し指だけで、どこでもできる!
「遠近ストレッチ」

特に「老眼」の人や、パソコンをよく使う人には効果的です。

やり方はいたって簡単。**「遠くを見て、近くを見て、また遠くを見て…」というのを繰り返すだけ**です。

遠くといっても2メートル以上遠くなら十分です。外出中であれば、目標物はどこにでもあります。部屋の中でも、問題ありません(トイレや風呂場など、狭い部屋は別ですが)。団地サイズの1・5畳分でも2・5メートルくらいの距離がありますから、部屋の端っこから端っこを眺めれば2メートル以上の距離を眺めることができます。窓があれば、外を眺めればいいだけです。

次に近くを見ます。目から30〜40センチ離れた位置で人差し指を立てて、その指先を見ます。電車を待っている間などもできますが、1人でいて周りに人が多くて指を立てるのが恥ずかしい場合は、前に並んでいる人の後頭部を指に見立てたりしても、もちろん大丈夫です!

「遠くを見てから、近くを見る」。この動作を10回繰り返します。

1日に何度も行っても、問題ありません。

普段私たちは、一定の所ばかりを見ています。テレビ・スマートフォン・新聞・本など同じところを、です。このような生活習慣によって、目のピントを合わせる筋肉・毛様体筋が凝り固まってしまっています。

そこで、遠くを見たり近くを見たりとズラすことで、ピントの変化をつけます。すると、毛様体筋がほぐれて、スムーズに働くようになるのです。

「ガボール・アイ」に、この「遠近ストレッチ」も加えることで、「目の疲れ」、夕方になると近くが見えにくくなる「夕方老眼」、スマートフォンを見続けることで若い人でも急増している「スマホ老眼」がいっそう改善するでしょう。

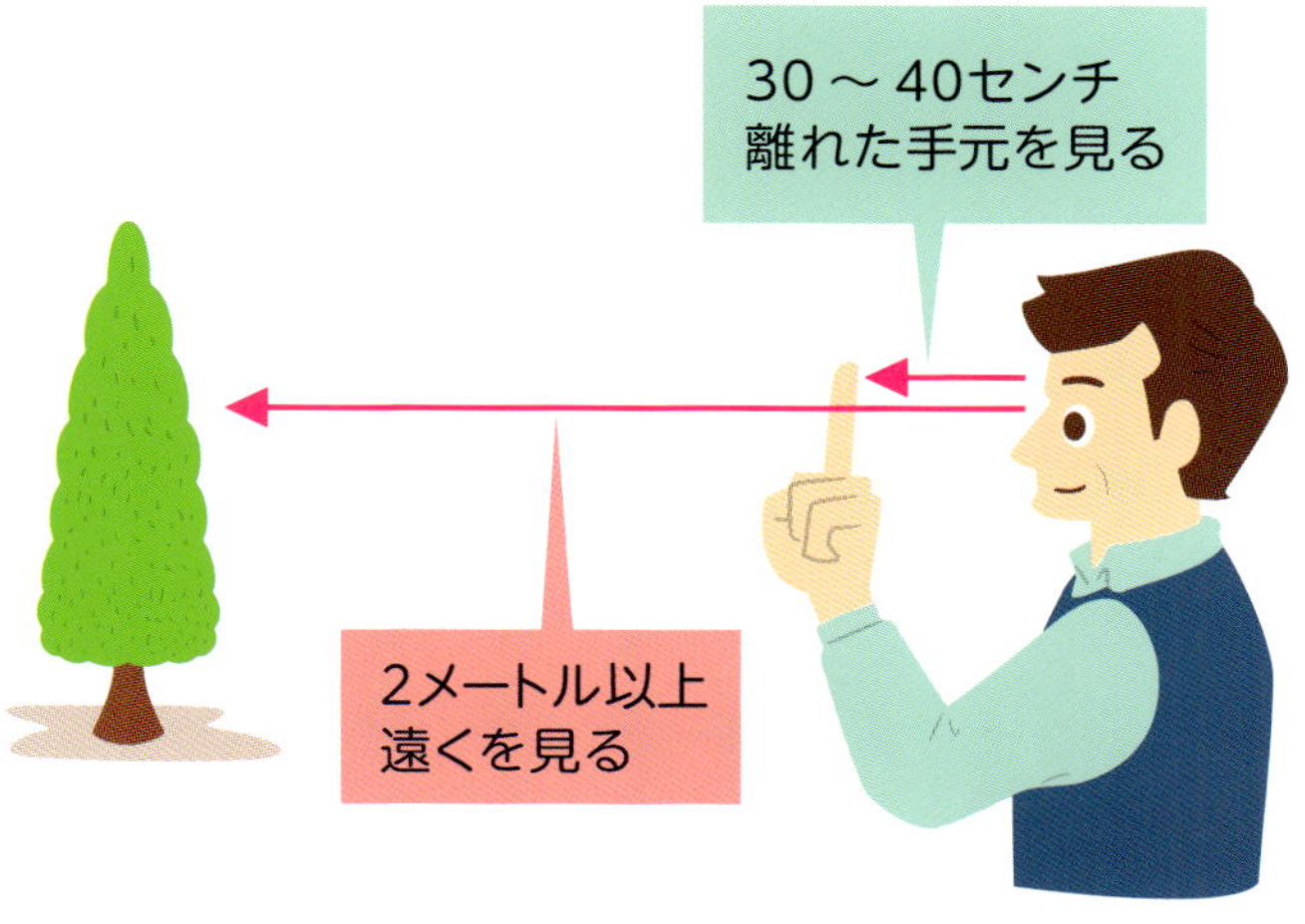

「近くを見て、遠くを見て」というのを10回繰り返すだけ

さらに

目がよくなる秘策　その❷

目を温めて、気持ちもよくなる！
「ホット・アイ」

目を温めると、血流がよくなります。すると、見えやすくなるのに加え、頭痛・肩こり・イライラ・自律神経の乱れまでも改善されます。

できれば朝・晩と1日2回やってみたほうがいいです。パソコンを使ったり多くの資料を読み込んだりするのが仕事、読書が趣味など、目をかなり使う方は、昼もやってみるといいでしょう。

やり方は3つあります。お好きな方法を、適宜選んでやってみてください。

【方法1】基本ホット・アイ

1. 軽く水に濡《ぬ》らしたタオルを絞《しぼ》ります。電子レンジで40秒ほど温めます（やけどをしない

程度に）

2．目を閉じて瞼《まぶた》の上にタオルをのせます

3．冷えてきたら終了です

【方法2】簡単ホット・アイ（パームアイ）

1．両手を10回ほどこすり合わせます。すると、手が温かくなります

2．温かくなってきたら手でカップをつくるような状態にします

3．閉じた目の周りにカップを押し当てるようにして、手が温かい間はその状態をキープ。30秒～1分程度で終了です

【方法3】道具を使ってホット・アイ

目を温めるシートとして、市販品もあります。封を開けるだけで温かくなる使い捨てタイプもあれば、レンジで温めて何度も使えるタイプもあります。

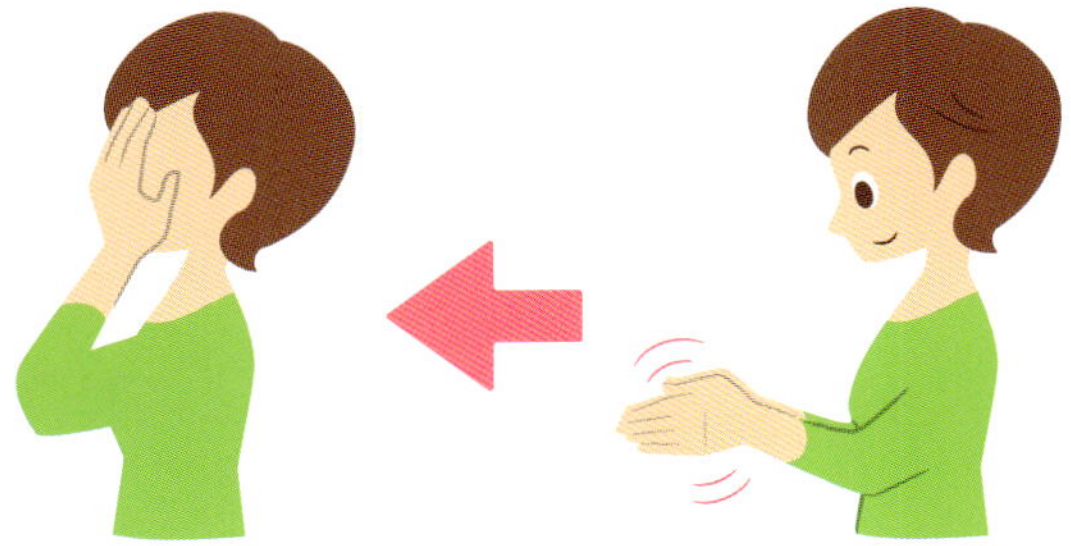

手のひらは、瞼に直接触れるのではなく、ふわっと浮かせて包み込むようにする

さらに
目がよくなる秘策　その❸

ブルーベリーよりも実は効果大！「ほうれん草」

目をよくする食材といえば定番なのが、ブルーベリー。でも実は、**ブルーベリーよりもほうれん草のほうがお勧め**なのです。

ブルーベリーの有効成分といわれている「アントシアニン」は、抗酸化物質といって体をさびにくくする物質です。そのため、年齢の変化、体のダメージから守ってくれます。しかし「アントシアニン」は全身を巡ります。よって、目に届くのはごく一部となってしまいます。

一方で**「ほうれん草」に含まれている有効成分の「ルテイン」は、目に集中的にたまります**。つまり、

目にとても効果的なのです。特に失明の原因であり難病の一種である「黄《おう》斑《はん》変《へん》性《せい》」、年齢により誰もがなる「白内障」、年齢性の変化である「老眼」に対しては効果的です。

ほうれん草は、1日に2株程度食べましょう。これで、1日に必要な10mgのルテインを摂取できるからです。

調理方法は色々とありますが、おひたしや炒め物などがよいです。特に炒めるなど油を使うものは、ルテインを効率的に吸収することができるのでよりお勧めです。

さらに
目がよくなる秘策　その❹

100円メガネをかけるだけで超簡単！
「雲《うん》霧《む》法《ほう》」

視力改善の方法として、１００円ショップで買えるメガネを使う方法があります。＋２度の老眼鏡を使います。やり方は以下の通りで、すごく簡単です。

1. ＋２度の老眼鏡をかけます。普段メガネやコンタクトレンズを使っている場合も、その上からかけてください
2. ２メートル以上先を見ます。テレビでも風景でも、何でも構いません
3. ３〜10分経ったらメガネを外します

遠くを見ている時にボーッと見えると思いますが、あえてその状況を作っています。これは「雲霧法」といって、視力検査の時も使われる方法です。

老眼や近視の改善が期待できますが、目の疲れの解消にも効果的です。

ただしこの方法は、稀に合わない人もいます。合わない人と、18歳以下の人は、p92〜93の「遠近ストレッチ」がお勧めです。

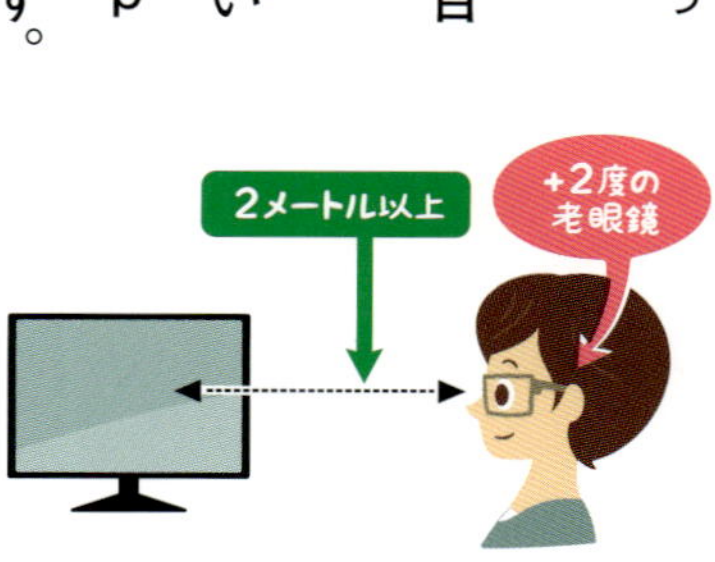

【特別付録　その1】

老眼測定用の「近見視力検査表」

●30センチ離れたところから、この視力検査表を見ます

●リングの欠けた部分が、どこにあるのかが見えるかどうかをチェックします。欠けた部分がわかる一番小さなリングに該当する数字が、視力となります

●右目、左目、両目のそれぞれでチェックしてください

※メガネやコンタクトレンズはつけたままでOKです。ただし老眼鏡の場合は、外してください

※近視の測定は、p101に記載の「遠見視力検査表」を使います

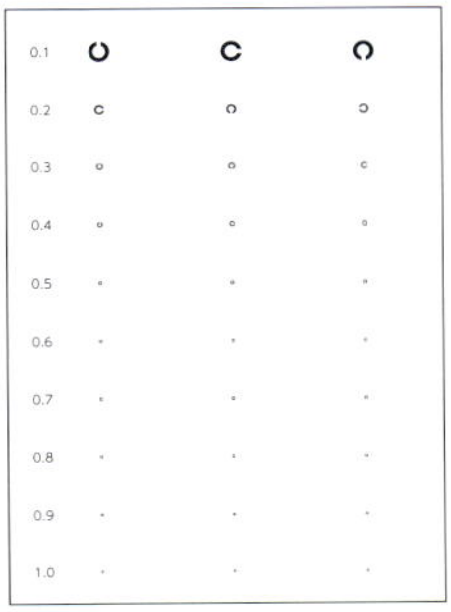

【特別付録　その2】

近視測定用の「遠見視力検査表」

●3メートル離れたところから、この視力検査表を見ます

●リングの欠けた部分が、どこにあるのかが見えるかどうかをチェックします。欠けた部分がわかる一番小さなリングに該当する数字が、視力となります

●右目、左目、両目のそれぞれでチェックしてください

※メガネやコンタクトレンズは必ず外してください

※老眼の測定は、p100に記載の「近見視力検査表」を使います

※コピーして壁に貼って使えば、もっと使いやすくなります

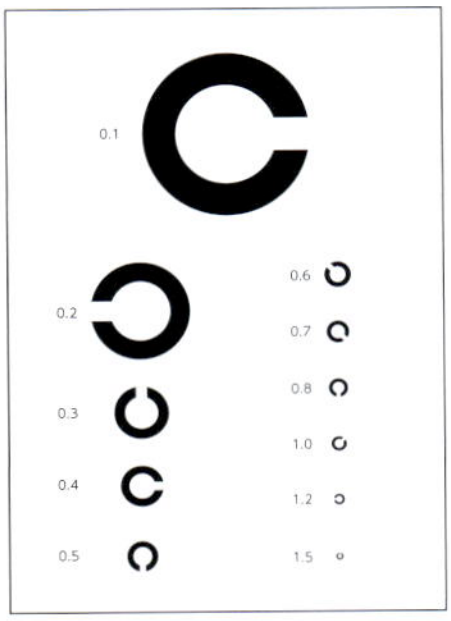

【特別付録　その1】

老眼測定用の「近見視力検査表」

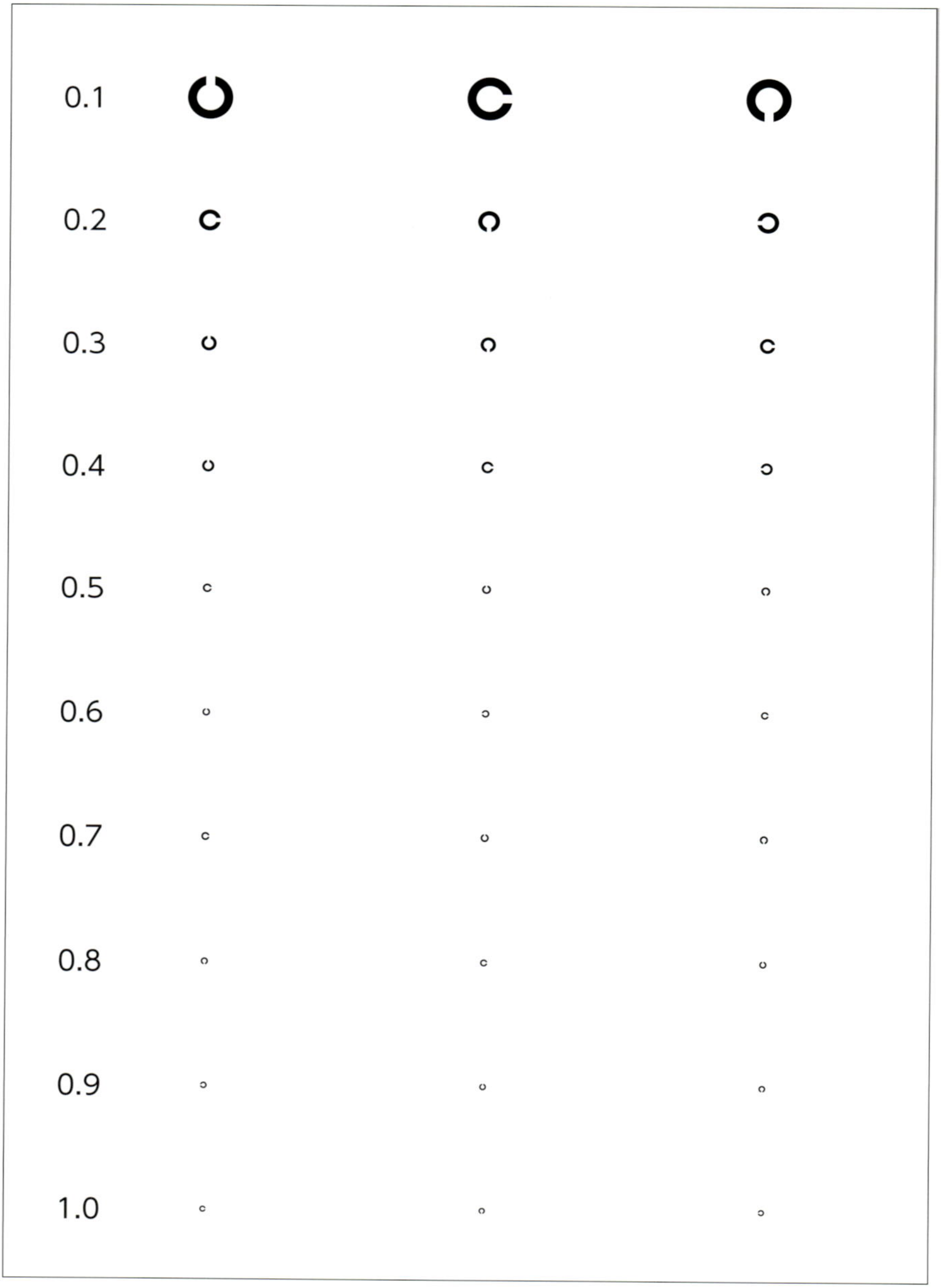

【特別付録　その2】

近視測定用の「遠見視力検査表」

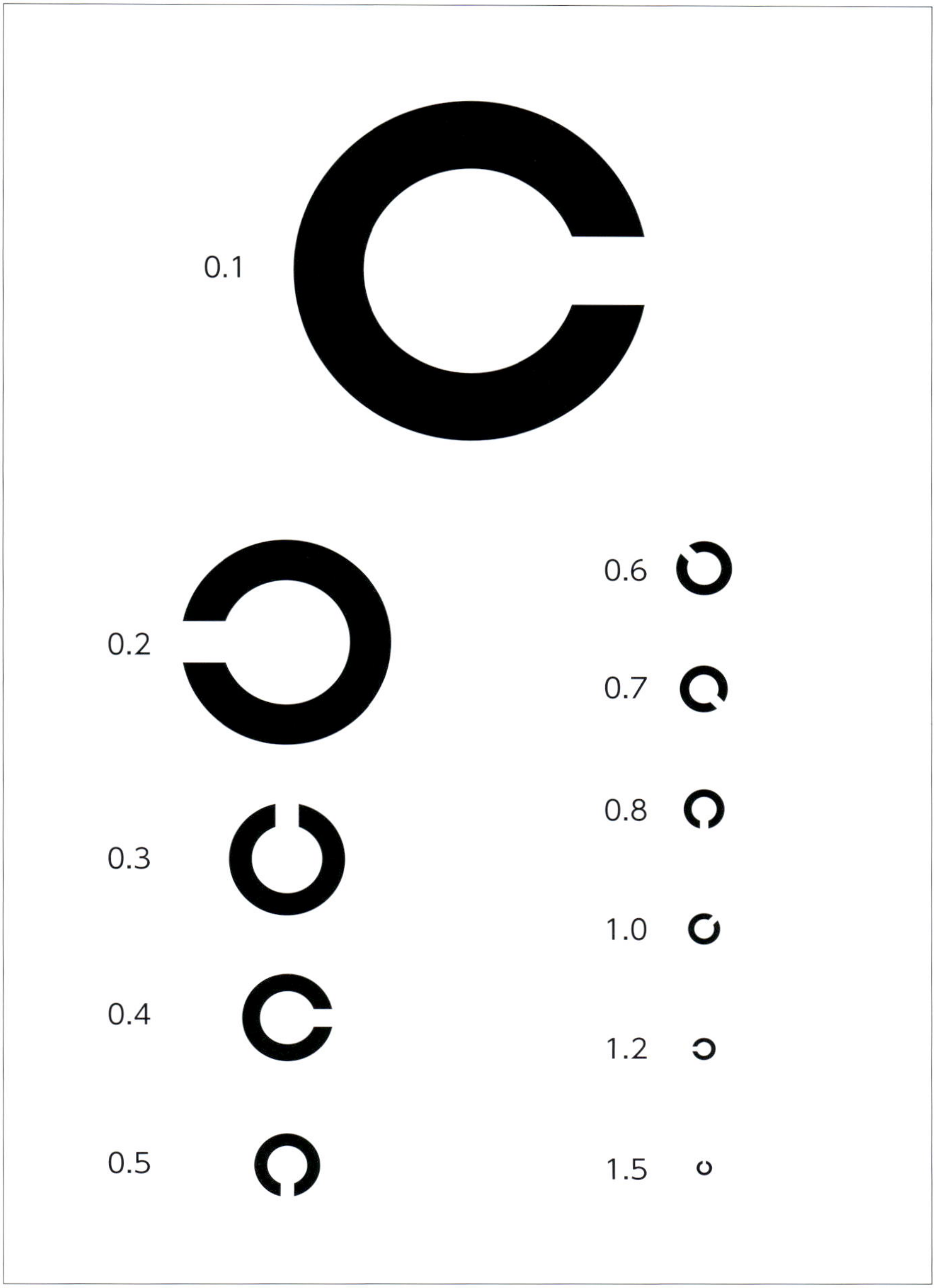

おわりに

「ガボール・アイ」いかがでしたか？　実際に「ガボール・アイ」をしてみた方は、効果が実感できたかと思います。

ただ、元々目があまりよくない方は、最初は効果が実感しにくいです。そういう場合は「以前と比べてテレビを楽に観られるようになったか？」「本を長く読めるようになったか？」など、日常でよくする具体的な行動で改善したところがないか見つめてみると、「そういえば本が読みやすくなった」というように感じる部分が少なからずあります。

病院はついつい「手術や薬以外は意味がない」と言ってしまいがちです。けれども「何かないのか？」「眼科医の自分にできることはあるのではないか？」ということで、本書を出しました。本書をきっかけに、目の大切さを知っていただければ幸いです。不調を感じたらケアはもちろんのこと、眼科で受診してほしいと思います。

最後になりますが、本書の作成のために「ガボール・アイ」を体験してくださった皆様、ご協力ありがとうございました。

平松　類

参考文献

1) Improving myopia via perceptual learning: is training with lateral masking the only (or the most) efficacious technique?
Camilleri R, Pavan A, Ghin F, Campana G.
Atten Percept Psychophys. 2014 Nov;76(8):2485-94.

2) Computer-based primary visual cortex training for treatment of low myopia and early presbyopia.
Durrie D, McMinn PS.
Trans Am Ophthalmol Soc. 2007;105:132-8;

Making perceptual learning practical to improve visual functions.
Polat U.
Vision Res. 2009 ;49(21):2566-73

Training the brain to overcome the effect of aging on the human eye.
Polat U, Schor C, Tong JL, Zomet A, Lev M, Yehezkel O, Sterkin A, Levi DM.
Sci Rep. 2012;2:278.

Improving vision among older adults: behavioral training to improve sight.
DeLoss DJ, Watanabe T, Andersen GJ.
Psychol Sci. 2015 Apr;26(4):456-66.

Vision improvement in pilots with presbyopia following perceptual learning.
Sterkin A, Levy Y, Pokroy R, Lev M, Levian L, Doron R, Yehezkel O, Fried M, Frenkel-Nir Y, Gordon B, Polat U.
Vision Res. 2017 : S0042-6989(17)30205-5.

Gains following perceptual learning are closely linked to the initial visual acuity.
Yehezkel O, Sterkin A, Lev M, Levi DM, Polat U.
Sci Rep. 2016 Apr 28;6:25188

Perceptual learning in children with visual impairment improves near visual acuity.
Huurneman B, Boonstra FN, Cox RF, van Rens G, Cillessen AH.
Invest Ophthalmol Vis Sci. 2013 Sep 17;54(9):6208-16.

Vision restoration training for glaucoma: a randomized clinical trial.
Sabel BA, Gudlin J.
JAMA Ophthalmol. 2014 Apr 1;132(4):381-9.

Computer based vision restoration therapy in glaucoma patients: a small open pilot study.
Gudlin J, Mueller I, Thanos S, Sabel BA.
Restor Neurol Neurosci. 2008;26(4-5):403-12.

Vision restoration after brain and retina damage: the "residual vision activation theory".
Sabel BA, Henrich-Noack P, Fedorov A, Gall C.
Prog Brain Res. 2011;192:199-262

文献2)は裸眼視力の改善を認めたものです(矯正視力改善は成人弱視の研究があります)。非介入群とも比較していて、何もしていない人は視力の改善は認められませんでした。調節・屈折といわれる目の指標は変わっていなかったので、脳による影響と考えられます。「ガボール・アイ」はこれらの研究のやり方を応用したものです。視力は0.1以上ある人の方が改善が良好です。

平松 類（ひらまつ・るい）

医師／医学博士／昭和大学兼任講師

愛知県田原市生まれ。昭和大学医学部卒業。

現在、二本松眼科病院、彩の国東大宮メディカルセンター、三友堂病院で眼科医として勤務。受診を希望する人は、北海道から沖縄まで全国に及ぶ。特に高齢者の診療経験は多く、のべ10万人以上と接してきた。

専門知識がなくてもわかる歯切れのよい解説が好評で、メディアの出演が絶えない。NHK『あさイチ』、TBSテレビ『ジョブチューン』、フジテレビ『バイキング』、テレビ朝日『林修の今でしょ！講座』、テレビ東京『主治医が見つかる診療所』、TBSラジオ『生島ヒロシのおはよう一直線』、『読売新聞』、『日本経済新聞』、『毎日新聞』、『週刊文春』、『週刊現代』、『文藝春秋』、『女性セブン』などでコメント・出演・執筆等を行う。

著書は『老人の取扱説明書』『認知症の取扱説明書』（SBクリエイティブ）、『老眼のウソ』『その白内障手術、待った!』『緑内障の最新治療』（時事通信社）など多数。


1日3分見るだけでぐんぐん目がよくなる！

ガボール・アイ

2018年12月15日　初版第1刷発行
2019年 4 月15日　初版第4刷発行

著者　平松《ひらまつ》 類《るい》
発行人　小川 淳
発行所　SBクリエイティブ株式会社
〒106-0032　東京都港区六本木2-4-5
電話　03-5549-1201（営業部）

装丁デザイン　菊池 祐
本文デザイン　間野 成
イラスト　フクイヒロシ
校正　宮川 咲
編集協力　山守麻衣
取材協力　オフィスのいり
企画協力　おかのきんや
編集担当　杉浦博道

印刷・製本　三松堂株式会社

写真
©iStock.com/mbbirdy　©iStock.com/A-S-L　©iStock.com/jreika
©iStock.com/BrianAJackson　©iStock.com/Magone　©iStock.com/lucentius
©iStock.com/Ralf Menache　©iStock.com/agustavop　©iStock.com/vuk8691

落丁本、乱丁本は小社営業部にてお取替えいたします。

定価はカバーに記載されております。

本書に関するご質問は、小社学芸書籍編集部まで必ず書面にてお願いいたします。

©Rui Hiramatsu 2018 Printed in Japan
ISBN 978-4-7973-9969-1